ハニーさんの ミツバチ目線の 生き方提案

養蜂家・環境活動家
船橋康貴

はじめに

名古屋を拠点に、私はミツバチを育て、ハチミツを採ることを仕事にしています。日の出とともに一日が始まり、光や風、雨など自然の営みに、そしてミツバチの暮らしに心を添わせる日々です。また私は、ミツバチと暮らす前には環境シンクタンクの社長として、地球環境のことを常に考えていました。

現代社会の中で変えていかなければならないこと、もしくは昔ながらのものを守り伝えていかなければならないことがあると思います。今さまざまな常識という非常識――生きていく上での矛盾――みたいなものを強く感じているのは、私だけではないと思います。

ミツバチのお世話をしていると、今こそ社会のデザインをし直す時ではないかという想いが、魂の中から湧き上がってくるのです。

しかし「社会のデザインを変えていきたいね」と言っても、なぜそれが大事なのかが分からない人がほとんどです。その時に、ミツバチの話をすると皆が響いてくれるのです。ミツバチが支えているものは私たち人類のみならず、すべての生きものにとって大事なものばかりです。

私たちの食べものの70％はミツバチが受粉してくれることでできているし、水、空気、川や海も含めて、その生態系の要《かなめ》をミツバチが担ってくれているのです。私たちや未来の子どもたちが、ここから先に命を紡《つむ》いでいく土台にミツバチがいると言っても過言ではありません。

資源やエネルギーの問題、地球環境問題など、人間が生きていくためのいろいろな術《すべ》においても、やはりミツバチは扇の要のように感じられるのです。だからこそ、ミツバチを守っていきたいと思うのです。

急速に進む温暖化や、自然界にばらまかれる化学物質によって、今ミツバチが生きづらく、命がつなげない状況になっています。この状況を一刻も早く、良い方向に変えていかねばなりません。難しいことは何もありません。本書はミツバチと暮らして湧いてきた「こうしたらいいよね」という提案がたくさんつまっています。ミツバチ目線の新しい生き方デザイン、社会デザインの提案です。

今これを読むあなたが、これを知識とするのではなく、行動にしないと意味がありません。大脳に知識をため込むのではなく、具体的な行動に移すと、自分自身が生きやすくなる。「いいな」と感じたことを一つでも行動に移すことで未来は変わる。本書を通じ「自分なんか」ではなく、自分主体で社会デザインは変えられるということを知ってもらえたら嬉しいです。

船橋康貴

ハニーさんの　ミツバチ目線の生き方提案

もくじ

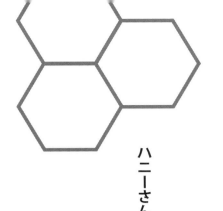

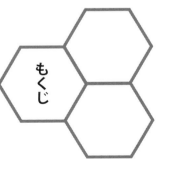

（1）自然のデザイン

自然とのかかわり方

自分と自然を分けて考えるようになった日本人

本来自然というのは大いなるものが創りたもうたものですから、すでに完璧なわけです。ですから「自然デザイン」とは、人間がデザインするということではなくて、すでにすべてが完璧で絶対調和の中にある、その仕組みの中で生きませんか？ということです。

僕がミツバチと暮らし始めて感じていることの一つに、自然のリズムがあります。僕も以前は、人間社会が決めた時計に合わせて生きていました。でもミツバチと暮らし始めると、朝日が昇ったら仕事が始まって、夕日が沈んだら仕事が終わって身体を休めるということになるわけです。そうすると、それまでの時計の刻みに合わせた暮らしがいかに不自然だったかに気づく。

朝日が昇ったら、その光でもって体内時計が動き始め、身体と心がちゃんとした自然のリズムで時を刻み始める。そうすると、たとえば遮光カーテンというものがおかしいということに気づく。朝は生きものとしての自分が目覚める時間なのに、光を通さないカーテンで部屋を真っ暗にしていつまでも寝ている。それが〝休息〟だと思い込んでいる。日が沈んだのに、煌々《こうこう》と電気をつけてパソコンに向かって電磁波と向き合っている。お店も一晩中開いている。寝るのが遅くなって、朝起きられない……という不自然さ。

なぜ人間がこういう生活習慣を始めて、身体と心を壊していくようになってしまったのか。それは人間が自然と自分たちを分けて考えるようになったからです。「自然」の中に、「自分が含まれているんだ」という感覚が薄くなっている。

「自然」というのはキャンプの時や夏休みに「ちょっと出かけていく場所」というように、人間の生活と切り離してしまった。

古代ギリシャの医者ヒポクラテスは、「人は自然から遠ざかれば遠ざかるほど、病気に近づく」と言っています。ミツバチと暮らすようになってから、僕は、現在多くの人が行なっている生活に強烈な違和感を持つようになったわけです。

「自然の中の生きもの」として暮らすヨーロッパ

本来日本人とは、八百万《やおよろず》の神々、すべての自然物に神々が宿っていて、それらに手を合わせ、心を寄り添わせて丁寧に生きてきた民族です。海外で、「そういう日本人って素晴らしいね」と言われることがありますが、実は今の日本人にはそういう生活ができていないのです。

僕がミツバチのことを学んだフランスでは、ミツバチを先生にした教育が300年前からありました。それは子どもたちに対してだけでなく、大人にも行なわれています。教えているのは、ただただ「自然に畏敬の念を持つ」ということだけ。その自然を尊敬するという心が人間に備わったならば、日本で問題になっている子どもたちの非行や犯罪が起きにくいのだ、ということを国家が認めている。それは、ミツバチの働きが自分たちの生活、命を支えていることを理解している証でもあるのです。

もう一つ、ヨーロッパでは長いバカンスがあります。1年のうち2ヵ月くらい仕事を休む。僕は以前、それは経済が豊かで休みをたくさん取ることを尊重しているんだなと思っていましたが、ミツバチでの交流で分かってきたのは、向こうの人たちはバカンスが始まった瞬間に、山や海や川のある田舎に行ってしまう。それで自然にたっぷり遊んでもらって帰ってくる。それは、人間は1年に最低2ヵ月くらいは自然の中で一体化しないと壊れてしまうことを知っているからだと思うようになりました。

ですからヨーロッパでは公園がよく機能しています。皆公園に行って芝生を裸足で歩いたり、そこに寝転んだり、木陰にベンチを動かしてお話ししたり、お弁当を食べたりしています。公園と一体化している人々の姿がある。それがとても上手なのです。

「便利信仰」が心と身体を病気にする

一方日本では、狭い公園が多い。木の陰では犯罪が起きるから木を植えないとしているくせに、遊具が無意味に置いてあったりする。それはそれで公園のデザインなのかも知れませんが、そこには自然とのかかわり合いがありません。本来は自然とのかかわりが一番上手だった国民なのに、今一番下手になっているのではないかなと思います。

日本には四季の行事もしっかりあり、昔から自然のリズムにきちんと合わせて生きてきました。それがあまりに当たり前すぎて、自然とともにあった感覚がそもそもなかったのかも知れません。それがいつの間にか、暑ければ冷やせばいい、寒ければ暖房をたけばいい、暗ければ照らせばいい……となってしまった。そういう中で、四季に対応して生きることで身につけてきた知恵や四季折々の食や行事も失われてしまったのです。

そこにある「便利信仰」――何もかも手間を省く、面倒くさがって便利を求め、そこにかかるコストのために自分の人生、命という時間を切り売りしてお給料に換える。これが自然との距離を遠ざけ、結果的に身体と心が病む原因となっているのです。そういうところに、もう気づかなければなりません。

今、「自然デザイン」中心の生活に戻る時

僕が講演やお話会でお会いする方の中で、「1年中、心も身体も快適で、元気もりもりでしんどさやイライラは一切ありません」という人はほとんどいません。

私がそういう方々に必ず問いかけることがあります。


「最近、裸足で土の上を歩いたのはいつですか?」

「最近、草原に寝転がって草の匂いを嗅ぎながら流れる雲を見上げたのはいつですか?」

「最近、木を抱きしめて頬を寄せて木が水を吸い上げる音を聞きながら、木に『愛しているよ』と言ってあげたのはいつですか?」と。


問いかけると、みんな顔が固まって、ハッとなる。

僕はミツバチと暮らし始めてから、テレビと新聞が要らなくなりました。一番大事なことが四季の移ろいになったからです。気温とか雨とかお花の咲き方とか、夏がちゃんと暑いか、冬がちゃんと寒いかとか、一番の関心事がそういうことになった。

僕は便利を全部否定しているわけではありません。良いことは残して、やはり反省すべきは反省して、少しでも自然を取り込んだ生活に変えていくほうが良いと思うのです。小手先で、便利信仰を押し付ける時代はもう終わりにしませんか。その代わりとなる商品やサービスを考えていきませんかと。

ひと手間かけるところに、人間らしさや生きものらしさがある。たとえば昔だったら家庭で味噌やお漬物を仕込んだりして、菌や微生物の世界が身近にありました。人間の手の菌で「手前味噌」ができていく。家族の調和だったり、地域の人たちとの連携に手間をかけることで、コミュニケーションが育まれていった。便利信仰によってそういう大事なことが削がれてしまっている。その結果、地球に負担がかかり、地球は傷ついています。そして気候変動が起き、人間そのものの首を絞めているのです。

自分も自然である、というライフスタイルのデザインをもう一度見つめ直す、今がその最終チャンスです。そういうところに、もう人間界もきていると感じます。

身近にいい公園はありませんか？　まずは芝生や土の上を裸足で歩いてみてはいかがでしょうか。

・・・いつもココロに・・・

●「便利信仰」の生活を見直そう。

●「ひと手間」かけることを暮らしの中に取り込もう。

●自然のリズムを感じられる時間を取り戻そう。

(2) 移動のデザイン

移動はまず、歩くことから

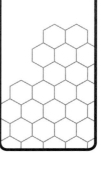

歩くことで五感が復活する

ミツバチの活動で全国各地でお話会を持つようになってから、飛行機や新幹線での移動が多くなりました。そんな僕の健康面をたくさんの方が気遣ってくれるようになり、ジョギングや自転車、スポーツジムに挑戦したのですが、どれも3日坊主で終わりました。そこで僕は「歩く」を意識して始めることにしました。

1日1万歩くらいは歩こうと万歩計を買いました。1万歩というと、僕はゆっくり歩くので1時間半～2時間くらいかかります。忙しい中で続けられるかなと思ったのですが、やり始めたら、これが心地良くて、ずっと続いています。

歩く生活を始めてみて、それまで車で5分～10分で着いてしまう距離を歩くことが、いかに良いことかに気づかされました。

まず、1日3時間も歩くと、身体が整ってきて五感が鋭くなる。車や電車のような空調がきいた箱での移動と違い、歩くと季節の気温や湿度というものを触覚、肌感覚で感じることができるのです。

カーナビがないので、分かれ道があると、どっちに行くかという選択肢が自分に与えられます。直感でこっち、と思ったほうに行くのですが、そういう展開にドキドキ感やワクワク感があります。

あともう一つは、森のようなところに入っていく時のハラハラ感。

ハラハラ感というのは危険に対する気持ちですが、今は何でもそういうリスクを全部取り去って子どもに提供する。子どもを一番成長させるのはワクワク感でもドキドキ感でもなく、ハラハラ感なのです。大人にとっても良い加減のハラハラ感は大事です。

車だと運転に注意を払わなければならないですから、周りの景色もあっという間に通り過ぎてしまいますが、歩くと空の青さや雲の白さ、木々の緑や色とりどりのお花をゆっくり視覚で捉えることができます。

木々が出している匂いとか、お花の香りだとか、鳥の声や風の吹く音とか、都会でも一本裏道に入ると静けさというものを感じることができます。

子どもの頃に空地や山に入って、なっている実をちょっとなめてみたりしたことがあると思いますが、都会でもそういう裏道に入ると、木や草を噛んで味を感じることができます。さらには触覚と視覚、嗅覚から、何かちょっと味覚みたいなものも感じる。これは動物的な本能だと思うのですが、僕は「風景の味」と言っています。そういう五感が復活してくるのです。

歩いていると人間の野生が戻ってくるのです。何か野生の勘とか、本来の人間に授けられた本能みたいなものがすごく戻ってくる感じがします。

生命の地産地消が見えてくる

歩くと食べものを見る目も変わってきます。ミツバチと暮らすようになって感じたことですが、人間はミツバチが受粉してなったものをそのまま食べるのが一番良いに決まっているのに、加工したものを食べる。加工されれば加工されるほど、エネルギーがなくなっていき、単なるカロリーになってしまう。

身体に野生が戻ってくると、まるで鳥やチンパンジーの目のようになって、買い物に行った時に、食べて良いものと食べてはいけないものが分かるようになります。ミツバチがならせた自然なものなのか、農薬などの薬を使っているものなのかが分かってくる。すると余計なものを食べなくなって、身体に良いと野生の感覚で感じたものだけを摂るようになる。ですから食が整ってくるし、そうでないものに手が出せなくなる。

それから僕は、寝つきが悪かったり、夜中に目が覚めたりしがちだったのですが、歩くことで触れる自然に「守られている」という安心感が出てきて、眠りの質がものすごく良くなりました。

それと、歩くと「ローカル」ということがよく分かってきます。乗り物で移動すると遠くのものを買いがちですが、リュックサックを背負って歩いていると、消費も「地域で」

という気持ちになってくるのです。

地産地消とよく言いますが、普通言われるのは経済が地域で回るという地産地消のことですが、もう一つはCO_2を出さないというエコの地産地消です。僕はもう一つ、歩くことで見えてくる生命《いのち》の地産地消があると言っています。

それは地域の生命が自分の生命と共鳴して、食や睡眠、安心というものを提供してくれている。経済やエコだけじゃない、生命の地産地消が見えてくる。すると自分の住んでいる街が好きになるのです。

身体で分かる24時間

また歩くことで「24時間」ということがよく分かるようになりました。

普通に生活していると昨日、今日、明日、明後日が途切れず続いていく感じがあると思います。

しかし1日が24時間で、たとえば睡眠8時間、仕事8時間とすると、残りは8時間。食事、家事が2時間くらいとして、そこに1日3時間歩くとすると、自由になる時間は3時間しかない。

そう考えると、この3時間が宝物のように思えて、いかにこの自由な3時間を充実して過ごすかが最優先になる。そして、自分の魂に正直に生きることになるのです。

やりたいことをきっちりやることで、頭で考えている連続性ではなく、身体で24時間が分かってくるのです。ですから、眠ったところで「はい今日はおしまい」となり、朝の目覚めから新しい1日が始まっていく。そうやって1日が区切られていくと疲れが残らないのです。

おもしろい発見もあります。日が昇ったばかりの早朝に歩いている人は目を合わせて笑顔で「おはようございます」と挨拶をします。とても気持ちが良い。朝を気持ち良く過ごすと、一日が気持ち良いという感覚の人たちだからだと思います。ところが歩いているうちに通勤通学の時間帯になって、学校に行く子どもたち、会社に足を急がせる人たちが多く見られるようになると、挨拶をする人が少なくなる。街の空気感とか、行き交う人の空気感が時間で入れ替わっていくのが分かります。

今では次の打ち合わせまで時間が30分あいたら、それを歩く時間にあてるようにしています。子どもの頃の道草で、学校から帰るのに15分で着くところを夕方までかかって帰る——そんな経験が皆あるのではないでしょうか。あれってパラダイスだったと思うのです。今僕はそれと同じように、歩きながら家々の庭を見て、「あれは良いな」「これも素敵だな」と楽しんでいます。

もちろん忙しい時は車で移動しますが、可能な限り移動手段を「歩く」に置き換えていくと、すべて良いことにつながるのです。環境負荷もないし、身体は整うし、想像力も豊かになるので、発想、クリエイティビティが高くなる。

さらに将来にまで目を向けていくと、歩くことを習慣化することで、年を取ってから足が弱って車椅子などの世話になることなく、最後まで二足歩行して人生を終われる可能性も出てきます。

これは旅先でもできるし、道具も要らない。シンプルで良いこと尽くしです。ぜひ皆さんもチャレンジしてみてください。

・・・いつもココロに・・・

● 車で少しの距離なら歩いてみよう。

● 寄り道、道草も大いにやってみよう。

● 歩くことで野生の五感を取り戻そう。

（3）教育のデザイン
〝大脳教育〟はやめて、感性を伸ばそう

ミツバチを先生に

ミツバチとともに、僕が今やっていることがいくつかあります。

その一つが、ミツバチを先生にした子どもたちへの教育、「ハチ育」です。想像力など、子どもたちが持っている力は本当にすごいです。ミツバチ教室をやっていると、人と自然とのつながりが子どもたちの可能性を引き出すということが分かるのです。

ミツバチ教室に来て、その後学級委員に立候補して選ばれた子がいます。「僕は、自分

のためではなく、クラスみんなのために頑張りたい」と言って。それはその子がミツバチから教わったことなのです。ミツバチ1匹は一生にティースプーン1杯のハチミツを集める。1日に3000個のお花を受粉させて、皆の食べものをつくってくれる。ほんの少しいただいて、たくさん皆さんの役に立つ。その子は地味で目立たない子で学級委員に選ばれそうにもない子だったのですが、「クラスの皆が幸せになるために、ミツバチのように学級委員をやります」と想いを伝えて選ばれた。そういうことがあります。

大人でも、ミツバチ教室やミツバチセラピーに来た人は、皆「自然に対する見え方が変わる」と言います。葉っぱの形だとか、地面を這っているアリだとかが目に入ってきて、愛おしくて仕方がなくなると。

日本にノーベル賞が多いのは、ノーベル賞を受賞した人たちは皆、幼少期に野山を駆けずり回って、その時に生きものや草木に興味や好奇心を持ち、それをのちに探究していくというプロセスがあるからです。そういうことの繰り返しが大きな発見や発明につながっている。そういう環境というものをきちんと見直していきたいと思っています。

絶望している子どもたち

現在、ミツバチを軸にした自然環境についてのお話会や講演会で日本全国を回っていますが、こと学生からの「話を聞かせてほしい」という依頼は何でも受けるようにしています。高校で講演する時に最近感じることは、みんな現実社会に絶望しているということです。それは、「親を見ているから」と言うのです。

電車でスマホを見ている目がみんな死んでいる。両親は日曜の夜に「サザエさん」が始まるとため息をついて、「明日も仕事だ……」と言うのだと。それを見ている子どもたちは、もう社会に出たくないのです。

子どもたちに話を始める前に、「将来に向かって夢や希望やワクワクするものを持っている人」と聞くとゼロです。「では、不安がある人」と言うと全員が手を上げる。

そこで僕は、「魂曲線」「世間体曲線」「地球ワクワク曲線」という話をします。

今みんなは、世間体曲線に乗せられて高校に通っている。「ちょっと成績が良くないと、自分を卑下するでしょう。そんなことは絶対にない。成績で人生も魂も決まらないからね」と。でも高校から少しでも良い大学にと親は思っているし、そのための塾に行かされている。君らは何を生きているの？　それは「世間体」を生きているのでしょうと。

結局大人がそうなのです。大きな会社の名刺を出すと「すごいね」、小さな会社の名刺を出すと「ん？」と言われる。世間体を生きている人はみんなつらいから、結局ため息をついて「明日、会社に行きたくない」となる。

だから、この世間体曲線をはずしてごらんと。残るのは自分の魂曲線。何が好きで、何のために生まれてきて、どこに向かって行くかということが分かれば、それに添って生きて行けばいい。これが一番楽しいでしょうと。楽しいことは一生懸命やるから成功するのです。

もう一つの地球ワクワク曲線は、地球全体、自然全体、他の命のことも考えてあげること。「これは地球に良いな」とか「ミツバチに良いかな」「赤トンボに良いかな」という尺度で自分の行動を決めれば、結局それは自然にもやさしいことなんだよと。

子どもたちに希望を湧かせられるか

落ち葉の季節だと、いろいろな色の落ち葉を拾って袋に入れて、一枚ずつ「おみくじだよ」と言って子どもたちに引かせます。それにメッセージがこもっているからと言うと、自分の引いた落ち葉を見ながら泣いたりする。

心理学で言う投影法です。自分自身の「こうありたい」という姿が投影されて返ってくる。自分で自分にメッセージしているだけなのですが、そういうタネは明かさずに、「真実が聞こえるから」と。そうやって赤だったり黄色だったり、ぎざぎざだったり穴があいていたりする葉っぱの姿は、君へのメッセージだよと。すると子どもたちは穴があいていたら、「これは欠点じゃなくて、未来が見える穴なんだ」とか言います。それは子どもたちが自分自身に対して言っていることなのです。

授業が終わって「未来に恐れや不安がある人」と聞くと、ほぼゼロです。「希望が湧いてきた人」と言うと、たくさんの子どもたちが手を上げてくれます。

学校の先生がこうやって子どもに希望を与えてあげられたら素敵だと思います。学校のルールやビジネスとしての学校のあり方のために、子どもに充分にかかわれない学校教育のデザインとなっているならば見直してほしい。僕の授業を見ていて途中で教室から出ていってしまう先生がいます。普段自分たちがしていることとの違いにいたたまれなくなるのでしょう。逆に、がんがんに響いて共感してくださる先生もいます。

僕は45~50分の授業で、子どもたちに希望を持たせることができます。でもそれは話をすることで、本来の子どもたちの夢や希望を引っ張り出しただけなのです。

数値化できないものを伸ばす

僕が環境シンクタンクの社長だった頃、環境の仕事で給料がもらえる会社は日本にはほとんどなかったので、採用募集には環境のことをやりたい一流大学の学生がたくさん来ました。

その時に採用試験に出した問題は2問でした。一つは「目の前の小学生10人に『持続可能』ということを伝えるためにどういう方法をとりますか」という筆記問題。図でも絵でも文章でもいいから、1時間で1枚の紙で表わせと。もう一つは「脳死は人の死か」という口述問題。

彼らは会社採用試験に受かるための勉強をしてきているから、なぜこの会社を選んだかとか、希望や夢、やりたいことは何かに対する質問には万全の準備をしてきています。ところがいきなり「脳死は人の死か」と問われ、一流大学の学生の多くが何も答えられない。ハッとなって、「えっと、えっと……」と必死にしゃべりますが、空回りです。

逆に普通の高校から受けに来ている子がきちんと話せたりする。ですから一流大学の学生より高校生を採用することもありました。「持続可能」を小学生に説明することは、大脳に記憶をたくさん詰め込んだ子にはむずかしくて、第六感やゼロ感という、直感とかセンスと呼ばれる数値化できないところを伸ばしてきた子は、実現可能でおもしろいことを書くのです。

見直すべき日本の教育のあり方

高校生や学校の先生たちの様子、高学歴の子たちを見ていると、今の日本の教育はデザインし直さなければならないと感じます。

たとえば、日本では「5＋（　）＝10」という問題を出して、この（　）を埋めなさいという。すると答えは5しかないんです。一方、ヨーロッパでは、「○＋○＝10」という式の○を埋めなさいという問題で、幾通りも答えがある。「答えは一個ではありません」ということを問題で教えている。社会、人生、すべてがそうです。しかし日本では求める答えが一個しかない。この窮屈感を見直す時にきていると感じています。

国際コースを持つある高校で150人の生徒に講演をしました。将来国際社会で活躍したい優秀な子ばかりです。

最初、講堂に集まった生徒は時間になっても私語が止まらなかった。僕が話す時間になって、体育会系の先生が「黙れ！」と怒鳴るのですが、おしゃべりは止まらない。

しかたがないから僕は冒頭一発、

「この国際コースにいるみんなは、将来海外、世界で活躍したいという人たちの集まりだよねぇ～」

そしてガン！と強い口調で、

「この中にただの一人も世界の役に立つやつはいない！」と言ったのです。

そうしたらみんな、キッとなって聞く姿勢ができました。水を打ったように静かになりました。

そして、「それはなぜか」という話をしていったのです。「国際社会で活躍する人は、みんな自然に生かされているという大切なことが分かっていて、それをベースに仕事をしますが、大脳（知識）ばかりを使って肚ができていない皆さんでは、国際社会に通用しません」という話をしたのです。つまり、大脳ではなく肚で話ができるか、ということなのです。

「世界の役に立たない」と言われて、「はっ」となるということは、素直であるということです。怒鳴り声はスルーしても、響く言葉にはちゃんと反応するのですから、教育現場においては、いかに言霊《ことだま》で伝えることが大切であるかを感じるのです。先生の生き方、あり方はとても大切です。

教員採用に新しい仕組みを

大学で心理学を学び、教育実習で養護学校に行きました。いろいろな知的障がいを持つ子どものところに行ったのですが、自分に向いている職業だと感じました。先生にも「絶対に養護教員になるべきだ」とすごく褒めていただいていたのです。実習は楽しかったし、自閉症の子が自分から僕に声をかけてくるところを見て、先生はびっくりしていました。

そういうことがあって「養護学校の先生になりたい」と思ったのが大学の終わり頃でした。しかし、名古屋市の養護教員採用試験の倍率は12倍と高かった。教育実習の時期がだいぶ遅くて、教員を目指したのが遅れた上に勉強ができない僕は受かるわけがない。最初から教師を目指している人は、すでにうんと勉強をしているわけです。

あとから聞くと、小学校教員試験の倍率はもっと高くて、方法としてまず養護の教員になり、それから転属を希望して小学校教師になるというルートがあるということでした。ですから養護の先生を目指していない人たちが、「通り道」として希望して、ちゃんと勉強ができた子が受かっていく。しかし僕は勉強ができないから通らない。結局、大脳教育で試験にパスした人が先生になるから、学校に勤め始めると心がつらくなったり、子どもも先生に共鳴しなかったりする。それこそ先生にとっても生徒にとっても不幸です。

やはり学校の先生は第六感やゼロ感のようなところが発達している人が向いていると思います。

五感というのは数値化ができるので科学で証明できますが、第六感というのはひらめきやインスピレーションの世界で数値化ができません。この中には、過去に通ってきた経験値も入ります。経験の中で育まれたものですから、いくぶん五感で経験してきたことがベースとなり、その上で出てくるものが第六感です。そして、この五感や大脳のフィルターを通らずに宇宙愛からダイレクトにくるのがゼロ感です。これは一切自分の経験値などを挟まずに存在している感覚です。ゼロ感はセンスとも呼ばれます。

これからは、大脳を中心とした数値化できる世界を重んじるのではなく、こういうセンスを大事にしていけば、良い社会になるということです。特に教育者は、この第六感とゼロ感がどれだけ豊かであるかが重要だと感じます。それが長けていれば、アイディア、センスというもので子どもたちをいくらでも伸ばすことができるのです。

そういう先生ばかりであれば、子どもたちも学校に行くのが楽しくなります。授業がつまらないのは、大脳に偏った教育をしているからです。

第六感やゼロ感が発達している子どもが目の前に現われると、知識だけの先生の手には負えなくなります。それが今、「発達障害」などという言葉になって、「専門機関に相談しませんか」となり、ややもすると向精神薬に頼りきる生活になってしまう。

ですから教員採用というものを違う軸でやったほうが良いと思っています。第六感、ゼロ感の優位性を尺度とした採用試験をする等の仕組みが必要です。そのほうが教師にとっても子どもにとっても幸せなことではないでしょうか。

グリーンスクールの取り組み　子どもたちがのびのび学ぶ教育のデザイン

インドネシア・バリ島にあるグリーンスクールでミツバチの授業をさせていただきま

した。そこには世界中から子どもたちが集まってきていて、幼稚園から高校生までの生徒がいます。校舎はジャングルの中の竹で組んだ草ぶき屋根の校舎で、授業は手づくり、テストも評価も成績表もない。チャイムが響くと、生徒は何もかもやめて瞑想をする。

子どもたちは皆ノートパソコンを持っていて、Ｗｉ－Ｆｉが完備されています。おそらくいろいろなことがパソコンで処理できるようになっているのでしょう。カチャカチャと皆ちゃんとタイプが打てていて、使いこなしている。

こういった自然とのかかわりのある所は、とかくその真逆のＩＴ技術や既存の社会の提案を否定しがちなところがありますが、グリーンスクールはちゃんと現代社会の技術も取り入れている。

その一方で裸足でジャングルを歩いたり、ゴミを拾ったり、自然とともにあることで、心がすごく豊かに育まれて人としての根をしっかりと張っている。ですから、子どもたちはグリーンスクールの高校を出たあと、祖国に戻り活躍をするのです。

このクラスメイトという、何の利害もない純粋な状態でつながった子どもたちが高校を出て世界に散っていって活躍する。このつながり、ネットワークが素晴らしいと思いました。

ここで育つ子どもたちは、自然がいかに大事か、心を育むことがいかに大事かということを百も承知であり、だからこそバランスの良い世界をつくっていくことでしょう。

子どもたちは自分のやりたいことを申告して学びます。僕が見せてもらったのは、高校生のプレゼンでした。ある子は街のレストランから出る廃油を浄化してバイオディーゼルに変えて再生させるということを、大人を巻き込んでやっていました。しかもそれをビジネスまで持っていき、黒字化しているのです。そういう生徒のアイディアを企業が買いに来ることもあるそうです。

他には、ゴミを分別して資源として売却し、ゴミを減らしながらリサイクルの仕組みで収益を上げていくとか、いろいろな国の言葉が使われている学校だから、それぞれの言語のコミュニティーでマルシェ（市場）をやったりなど、さまざまなアイディアにあふれていました。

アメリカから来た高校1年の女の子で、僕と同じようにミツバチ教育をやっている子もいました。巣箱を養蜂家から借りて近所のオーガニックファームに置いて、ハチミツの収益でTシャツをつくったり、ミツバチで環境教育をしたりしていました。

子どもたちは思い思いの課題を自らつくって取り組んでいる。大学に行きたい子には、行きたい大学に合ったカリキュラムが組まれる。まさにこれは素晴らしい教育のデザインだなと思いました。

今、このグリーンスクールは世界から取材、見学がひっきりなしのようです。僕が行った時はオランダから見学に来ている先生がいて、オランダにグリーンスクールをつくるとおっしゃっていました。その彼に「君たちは日本につくらないのか?」と投げかけられたので、僕は「つくります」と即答しました。日本の良さをたくさん取り入れたグリーンスクールをつくって実際の現場を見てもらえたら、理屈抜きで現代教育への一番の問いかけになると思うのです。志ある方々と一緒に、ぜひ実現したいと思います。

・・・いつもココロに・・・

● 知識を大脳に溜めこむ教育は、終わりにしよう。

● 子どものやる気、集中力は大人のあり方次第。言霊を話せる大人を目指そう。

（4）ビジネス・働き方のデザイン

「やさしさ」をものさしに

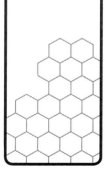

ものごとを計る〝ものさし〟を持ち変える

日本でも今の社会デザインに少し違和感を持つ人がたくさん出てきました。僕たちはお金というものさしを持たされた。お金の取れ高が高いほど「人生は成功」という意識を持って、日本は頑張ってきた。でももう、お父さんもお母さんも疲れてしまっている。では、そのものさしを何に持ち変えたらいいかと言うと、それは自然や癒し、やさしさではないでしょうか。これは逃げではありません。何のために生まれてきたのか。これは生きものとして本質です。

これはフランスで僕が見学させてもらった一例ですが、とても素敵な取り組みです。パリではミツバチを飼っている事業者が７００件を超えているというのです。何が素敵かと言うと、ミツバチを飼っている会計士さんと飼っていない会計士さんがいたとすると、市民はミツバチを飼っている会計士さんのほうに仕事を依頼するというのです。いろいろな職種の方がミツバチを飼っていますが、ミツバチを飼い始める動機は、もしかしたら「お客さんに選ばれたい、認められたい」という欲からかも知れません。しかしミツバチに触れているうちにミツバチに〝説得〟されて考えは改まるので、始める動機は何でも良いのです。

また市民にも、ミツバチを飼っている事業者を選ぶという感覚があるということです。それは、子どもの時から教育の根幹に自然に感謝をすること、それからおいしい空気や水や食べものを支えてくれているミツバチを大切に思うこと、これがあるからです。

ミツバチを会社で飼うメリットは他にもあります。

ミツバチに触れたことがある人はよく分かるのですが、ミツバチについての話題は楽しくて尽きないのです。つまりミツバチを飼うことで、鈍りがちだった社員間のコミュニケーションが格段に良くなる。みんな笑顔になる。

それからヨーロッパでは「ハチミツは薬」という感覚があるので、採れたハチミツを社員に分けるのです。社員は会社で採れたハチミツを自慢げに家庭に持って帰るし、友達に振る舞うこともできる。自分もミツバチのお世話にかかわっているから、「おいしい」と言われたらとても嬉しい気持ちにもなります。

ハチミツを収穫する時に、お得意先や近所の人を呼んで、採れたてのハチミツを使ったお食事を振る舞ったりもします。それがお得意先や近所とのコミュニケーションとなる。こんな素晴らしいコミュニケーションはないのではないでしょうか。ミツバチの存在は癒しそのものなので、社員はミツバチに触れたり見たりすることで、心の健康も保つことができる。それがベースになって仕事が進んでいくと、お金儲けだけが大切ということにはならないのです。

仕事とは、「自分の命の時間とお金を対価交換すること」ではないのです。命の時間は、家族との時間、恋人との時間、子どもとの時間や趣味など、大好きなことに使うべきです。

それを楽しむために生まれてきたのですから。

これからの時代の新しいビジネスをつくる

一つ思いついたことがあります。それは日本各地にあるペンションの活用です。

僕たちが若い頃にペンションブームがありましたが、そのオーナーさんたちが高齢になって、なかなか続けられなくなっています。そしてもう一つ、看護師さんが〝絶滅危惧種〟と言われるくらい、激務と癒されない状況の中で、心身ともに疲れきって多くの方が仕事を辞めています。

こういう看護師さんに山里の高原のペンションに入ってもらって、畑を耕したりガーデンをつくったり散歩をしたりしながら、ペンションのオーナー夫婦と統合医療の先生と組んで、いわゆる自然治癒の取り組み、つまり「自然に治してもらう」ということで、自然の豊かな日本の、21世紀の新たな幸せ産業にしたら良いと感じます。

瞑想やヨガやアロマセラピーなど、資格を持ちながら、それらを役立てていない人もたくさんいます。そういう人たちにも活躍してもらうことで、そのペンションで根本的な治療ができたらいいなと思っています。その中には、もちろん食についての取り組みも含まれます。

そういった身体を治す、心を治すというデザインの中で、これからの時代の新しい仕事、社会のあり方は、自然とつながることがベースになるべきだと僕は思っています。

20年、30年先に、今ビジネスと呼ばれている仕事がそのままあるとは思えません。ほとんどのビジネスが消えていって、残るのは、自然や人の心と身体の健康にしっかり結びついているものや、会社が存続することによって多くの人が幸せを実感できるものではないかと思っています。そういう要素を持った会社しか生き残れないと感じます。これからは今のままの経済形態は続いていかないでしょう。

企業とは公の器で、万人の幸せのためにあるのだと言いますが、そこで働いている人はそういう大義があることが分からなくなっています。自社の利益のみを追求するサラリーマンでいることがベストであるという教育を受けているからです。

企業や組織から抜けるということは、タバコをやめるみたいに大変です。大きな企業にいる人が、鬱《うつ》になって倒れていく姿をたくさん見ました。今の日本ではそういう利益追求の企業に採用されると、人は「よくやった」と評価しますが、アメリカやヨーロッパに行くと、学生たちの中には最初から社会貢献を目指してＮＰＯに入る人もいます。逆にそれがステータスとなるからです。

今、志ある人たちとともに、新しいビジネスのデザイン、働き方のデザインをつくりあげていこうと活動しています。

ミツバチのことをやりながら、誰もが幸せを実感できる社会デザインを目指して、舵をとっていきたいと思っています。

・・・いつもココロに・・・

- ものごとを計るものさしを、「お金」から「やさしさ」に変えよう。
- 自分の命の時間を何に使うか、よく考えよう。
- これからの「仕事」は自然とつながるものさしが主体になると心得よう。

（5）医療・薬のデザイン

身体と心を癒すために自然の力を借りよう

ハニービーセラピー

僕のミツバチ教育は「ハニービーセラピー」と言われています。

ミツバチ教室ではミツバチの巣箱の前で皆さんに寝てもらいます。寝た瞬間に巣箱からミツバチがたくさん出てきて、一人ひとりの周りにミツバチが集まってドームのように包み込むのです。

人間の身体は、目に見えている肉体の外にエーテル体みたいなものがありますが、そういうところの、その人にとって何か重要な部分をミツバチがかき混ぜたり、つついたりするのが分かります。

横になってもらい、地球に身体をあずけて全身を脱力して思考を手放して、想いも手放して……と僕が誘導していきます。そうすると気持ちが自由になってミツバチがふわーっと飛びながらすっぽりと身体の周りを包んでくれる。気候が良い時ならそのまま眠ってしまう人もいますし、皆さん、どこか気持ちが良い世界へ連れて行かれると言います。そしてみんな顔が美しくなる。

僕が「戻ってきてください」と声をかけて、皆さんにゆっくり起きてもらい、寝ていた巣箱のところから少し離れてもらいます。そうすると、皆さんを囲んでいたミツバチたちは「仕事が終わった」と言わんばかりにすーっと巣箱に戻っていくのです。その数を見ていると、通常のミツや花粉を採りに行くミツバチをはるかに超えた数のミツバチが出てきて、癒してくれていることが分かります。

薬ではなく自然での治癒を

ハニーファームが姉妹提携をしている都市型養蜂の元祖・オペラ座の総支配人に「パリではこんな論文が研究所から出ているよ」と教えてもらいました。それは、気のおけない仲間とざっくばらんに話しながら楽しく夕食の時間を過ごすのと、自分の傍らを1匹のミツバチが羽音を立ててぶーん……と通り過ぎていくのとでは、ミツバチが通り過ぎるほうが精神的な安らぎ効果が大きいというものです。

生きものたちの持つ可能性は、草木も含めてすごく高い。ヨーロッパでは「身体が重い、心がしんどい」と医者に行くと「あの森を1週間歩いてきなさい」という処方が出たりします。ところが日本ではすぐ病名をつけて薬を出してしまう。

僕は、自然の偉大さをしっかり見直して、「しんどくなったら自然の中へ行く」という仕組みを日本でつくれればいいなと思っているのです。

薬も注射も使わない小児科医の真弓《まゆみ》定夫先生は、「医者は失業するのが目標」とおっしゃいます。医者が本当に役目を果たすことができたら、病人はいなくなるのですから、と。

それから真弓先生は、「薬」というのは「草（冠）」と「木」があって「楽」にするものとおっしゃいます。自分が暮らす土地で採れた野菜、果物をきちんと食べることが薬となって身体を助けてくれる。今、病院で普通に処方される薬のほとんどは石油を化かしたもので、それは一時的に命を救うこともありますが、長期的に使うのは結果的に身体に良くないと。

自然で治る。その通りだと感じます。

薬とのつきあい方を考える

自然界の中にこそ人間を癒し身体に必要なものが存在しています。沖縄の勝山というところにいる具志堅《ぐしけん》おじいという方にお会いしました。

具志堅さんには先祖から守っている山があり、そこに植物や果実をたくさん植えていらっしゃる。具志堅さんにその山を案内してもらうと、3歩進むごとに、「この木の葉っぱは何に効く」あるいは、「これをイボに塗るとポロンと落ちるんだ」とか、要するに山にあるさまざまな植物が人間のすべての臓器に対応している感じなのです。

真弓先生がおっしゃる「薬は、草と木で楽にする」ということが具志堅さんと歩いているとよく分かるのです。

今、特に都会ではそういうことを実感する場所がないし、知恵を持っている人も減っているように思います。

本来僕たちの命を助け支えるものは自然界から提供されるものなのです。それは命だから、命をいただけば元気になることは当たり前の話であるからです。

お医者さんもみんなの幸せを願っている

真弓先生は診療に一人30分以上をかけると言います。目を見て、おなかを触ったり心臓の音を聞いたりします。昔、僕たちの子どもの時代もお医者さんに問診してもらって、目を見て背中を叩いて聴診器を当ててもらいました。そうやって診てもらうだけで安心できました。子どもたちが大好きなお医者さんがいて、子どもが自分で「お医者に行きたい」と言う、そういう医療がありました。今はパソコンの画面だけを見て患者の目も見てくれないお医者さんもいて、診察は3分から5分でおしまいです。

なぜこのようになっているのでしょうか？　お医者さんも一人の人間として、人を幸せにしたいという心で医師を志したと思うのです。ところが社会のデザインがそれを許さない。

どうしてもお金という基準で回していかなければならない。患者さんのために高い機械を買えば、それを維持運営していくためにお金を集めなければならない。これはお医者さんの問題と言うより、お金を中心とした社会デザインの問題です。これを見直していくと、医療のデザインも変わることでしょう。

・・・いつもココロに・・・

- 生きもの、植物など、自然が人間におよぼす癒しの力を見直そう。
- しんどくなったら自然の中に行こう。
- 病院の処方薬にできるだけ頼らず、食から健康をつくろう。

（6）食のデザイン

「食べる」とは生命エネルギーを取り込むこと

食べることとは生命エネルギーを取り込むこと

今、僕らが普通に手に入れる食材は、いろいろと問題を抱えています。

たとえば卵だと、ケージで飼われているニワトリには成長促進剤やホルモン剤が打たれ、卵をばんばん産まされている。あれが人間だったらどれだけつらいことでしょうか。狭くて身動きもとれないようなケージに詰め込まれたら、気が狂うことでしょう。それはニワトリたちも同じです。もしかすると僕たちは、ニワトリのストレスを食べているのかも知れません。

平飼いの自然の中で育ったニワトリの卵は、食べるとエネルギーがある。結局、僕たちは生命エネルギーを食べるのが一番良いということが分かってくるのです。

今の多くの食の提案は、量とカロリーを食べさせているのです。だからすぐにおなかがすく。おなかが「ぐー」と鳴るのは「生命エネルギーをちょうだい」と言っているのです。ところがそこで生命エネルギーのないカップラーメンやスナック菓子を食べてしまっては、添加物や化学物質をたくさん取り込むことになり、結局どんどん身体は悪くなっていくし、すぐまたおなかが「ぐー」と言うのです。

僕の知り合いがネイティブインディアンのところに何日間か住み込んだことがあります。初日の夜に、晩御飯だと言って手の平にトウモロコシを8粒乗せられたそうです。「えっ? これじゃ腹減っちゃう」と思ったと。「いいから食べてみろ」と言われて、3個食べたら、おなかがいっぱいになったそうです。そのトウモロコシは生命エネルギーに満ちていたということです。

もともと僕らも野生動物です。ですから身体は分かっているのです。生命エネルギーを身体に入れてあげれば良い。ですから「食」とは生命エネルギーをどう食べるかということなのです。分かれば、けっこう簡単なことではないでしょうか。

「ああそうなんだ」と皆が分かれば、消費行動や考え方がそちらに移るから、食の環境も良くなっていく。ただ、皆そういうことを知らないわけです。

テレビのCMでは、いかに手をかけずにチーン！でおいしいものができるかを競っています。ああいう加工品には、生命エネルギーがないのです。

今はもう、朝ご飯がスナック菓子で、昼ごはんがカップラーメンで……というようになっていて、そういうものしか受け付けない子もいるそうです。そういった食べものには中毒性があります。それが感情や感覚にまで影響を与えることが分かってきました。

「安さ」で選ぶことをやめる

ミツバチがならせてくれた実や野菜、化学物質や農薬が使われていないものは生命エネルギーが高いです。さらに、自分が暮らす土地のものだとなお良い。気候風土など、自分たちと同じ条件で育ったものを摂るというのはとても大切なことです。

お店には世界中のものが並んでいます。ブラジルから来たもののほうが地域のものより安いということを、「おかしい」「怖い」と思わなければいけません。長い距離を移動して来るのに、「安い」ということに疑問を持つべきです。

これは結局、お金のデザインにもつながっています。「安いから買う」という感覚だと、たくさん買ってゴミにしてしまったり、身体を痛めるものを買ってしまったりする。人間の身体と心は食べもので構築されているということをちゃんと分かっていれば、そういうことは起きにくいと思います。

本物を見分ける舌を養う

生命エネルギーがあるものは味がおいしいし、そういうものを毎日摂っていると舌の感覚が研ぎ澄まされます。僕は化学添加物がいっぱい入ったものを食べると舌がピリピリして気持ち悪い感じがします。それはミツバチたちが純粋天然なハチミツで、僕の舌を治してくれたからです。

今、日本人の舌がおかしくなっています。お話会などでハチミツ本物当てクイズをやると、砂糖水や水あめを混ぜた偽物と純粋天然の本物のハチミツとの違いが分からず、半分以上の人が外れるのです。

それは子どもの時に「これを食べると元気になるからね」「ハチミツはパワーがあるからね」と食べさせてもらったハチミツが偽物だったからで、それを舌が覚えてしまっているからです。養蜂をやっている者からしたら、あのような価格で本物のハチミツが売れるわけがないのです。

もう一つ言うと、ハチミツがプラスチック容器に入っているのが不安です。本当のハチミツにはパワーがあるので、プラスチック容器に入れるとプラスチックの成分が溶けて、環境ホルモンが出て逆に危険なものになります。だから本物のハチミツは瓶で売るのが良いと感じています。たぶん、食物全体がそうで、本来の生命エネルギーがあるものはプラスチックと相性が合わないので、味が変わるなどの変化が起きると思います。

そういうふうに見ていくことと自然の中に自分を置くことで、自然にチンパンジーや鳥の目になるのです。そうするとスーパーに行った時に、食べないほうがいいものに手が出ないようになる。目で分かるようになります。

それには本物を食べて舌を回復させることです。野生動物の見る力を復活させることです。

子どもが野菜を食べないというのは農薬をたっぷり吸った野菜だからです。その時の子どもの舌はちゃんと分かっているわけです。お母さんお父さんたちは、栄養になるとかビタミンが摂れるから食べなさいと言います。これはやさしい親心ですから、子どもたちの心身に良い食材を選んであげましょう。

一方で調味料が発達していて、これも化学でどんな味も出すことができる。それに舌が騙されている。

食のデザインの改善は人間本来の舌の回復にあると感じています。

・・・いつもココロに・・・

- 「食べる」とは生命エネルギーを他の命からいただくこと。
- 野生動物の目を持とう。
- 本物を見分ける舌を鍛え、本来の感覚を取り戻そう。

(7) 政治のデザイン

まず自分から、かかわろう

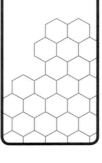

「投票に行く人」を見て行動する政治家

政治を志した人の最初の動機は清らかな「善」だったと思うのです。しかし政界に入ってみたら、やんどころない事情があったり、その世界に入ってから受ける教育によって、本来のあり方が分からなくなってしまうのではと感じています。

僕のお話会に市会議員、県会議員などの政治家が混じるようになってきました。終わったあとに僕のところに来て、「ハニーさんの言っていることは正しいし、その通りだと思うけれど、僕らは票を入れてくれる人を応援する仕組みになっているから、ハニーさんを応援できないのだ」と言うのです。

その理由は、僕たち議員は、自分たちに投票してくれた人たちのために働く。それは票がなくては当選できないし、また票がなくては失業してしまうからだと。たとえ自分の想いとは違うことをやっていると感じても、そうせざるを得ないところがある。しかしハニーさんを応援している人たちが、「選挙は誰に入れても同じ」とあきらめて投票しなかったり、遊びや用事が投票日と重なった時にそちらを優先するということをせずに、しっかりと投票に行ってくれて、そして損得で生きている人たちよりも、1票でも多く投票してくれるようになったら、僕たちはハニーさんの味方ができる。そうはっきり言うのです。

今の政治のデザインはそういうふうになってしまっている。

自分の一票をきちんと投じる

しかし、この今の政治のデザインを変えるのは簡単です。それはただただ「選挙に行く」

ことなのです。ミツバチが死んでいくような政治に対して反対している、こうしていこうよと言っている人に自分の一票を入れればいい。「誰に入れても一緒」ということは決してないのです。自分の意志はちゃんと票で示すことができるのですから。

これは僕が「ミツバチを守るために買い物に気をつけてください」と言っているのと同じです。みんな、政治は変えられないという思い込みを持っている。

世界には選挙で投票に行かないと罰金を科《か》す国もあるくらいです。日本のような、こんな投票率が低い国はありません。僕らは政治から興味をそらされているのです。政治に対する「誰に入れても一緒」という感覚を僕たちはなぜ持ってしまったのでしょう。100人が100人選挙に行ったら、政治は素敵になります。

政治家も善なる人です。見ているのは、市民の意思です。実現したいのは市民の幸せですから、僕らが変われば政治は簡単に変えられるのです。みんなが自分のこととして投票に行けば、良い社会になるのです。

中には「選挙に行かないことを選択しているのだ」と言う人もいますが、それははじめから幸せを放棄しているのと同じです。放棄しているのに政治に対して文句は言う。投票を放棄したのなら、政治を批判する権利などないのではないでしょうか。

政治に積極的にかかわっていく

昔のヨーロッパでは、政治を考えるテーブルに、お医者さんがいて、農家がいて、養蜂家がいて、企業家がいてと、多種多様な人がいたらしいです。今、政治家という専門職ができてしまい、政治家は農業をやっていないし、養蜂をやっていないから、自然の大切さに気づけない。政治というのは専門職であるべきではないと感じます。

いろいろなジャンルで頑張っている人たちが、街づくりや国づくりについて話し合うテーブルにつくのがいいのです。自然農をやっている人とか、ガーデナーが入るとか、魚や貝を採っている人が混じると、身の周りに何が起きているかが分かるからです。政治の専門性とは何でしょう？　国民総生産とか経済的にどうとか、お金の話でしょうか？

もしそうなら、政治家はそれが優先されるところとつき合うようになるのです。

それからもう一つ、僕らができることとして、積極的に政治家に話しかけていくのもいいと思います。疑問を持って問いかけていくと彼らは一生懸命勉強します。僕のところに「環境について教えてください」と国会議員が来たりします。

よく町内のお祭りなどに県会議員や市会議員が顔を出します。そういう時に、「あれどうなっている?」「これはどうなる?」と質問して、自分から問いかけてかかわっていく。「ミツバチが減っているらしいけど、食糧危機は大丈夫なの?」と問いかけたら、市民はこういうことに関心があるのか!と勉強してくださいます。

どんなことも難しいと思うと難しい。みんなが明るく簡単だねと動けば簡単なのです。現状の問題解決を悲壮感でやらない。「万事陽気に」なのです。みんな暗く下を向きたくなるようにされている。なんとなくそうするように仕組まれてしまっている。みんなが万事陽気と思えば大丈夫です。

社会デザインの共通コンセプトは万事陽気。どんなこともニコニコしてやったらいいのです。

・・・いつもココロに・・・

● 「投票は誰に入れても同じ」は幸せの放棄。

● 議員に質問しよう。関心ある問題を知ってもらい勉強してもらおう。

● 悲壮感でなく、陽気に取り組もう。

（8）お金・会計のデザイン

「お金」を知って、上手につき合う

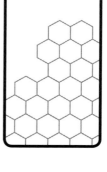

お金は「愛の投票権」

社会を生きていくために、お金のことを人間は学ぶべきですが、小学校でも中学校でも教えていません。お金は必ず人生について回るものなのに、それを学ばないためにお金のことが不安材料になっている。

振り込め詐欺などで騙される人が多いので「お金とは何か」ということを各自治体がやろうとしていますが、結局、「お金は怖いもの」と怖がらせるだけになってしまっています。そのため一生懸命良いことをやってくれていても、伝わってくるのは「騙される、取られる、奪われる」といったことばかりで、お金とは愛の循環なのだということがちっとも伝わってこないのです。

今、お金は「出ていった」「入った」のゲームになり、結局最後にたくさん残った人が勝ちとなっている。しかしそうではないのです。

それぞれの家で子どもにはじめてのお財布を渡す時に、自分が本当に良いと思うもののために使うんだよ、それで社会が変わっていくんだよということを伝えていく。渡された子どものお財布の延長が家計で、その延長が行政の収支で、その延長が国のあり方なのです。それくらい一人の子どもに渡すお財布というのは重要で、まさに国づくりのはじめの一歩です。今、そこをきっちりやっていないから、お金での不安が消えなかったり、お金のトラブルが起きたりするのです。

ミツバチをやっているとお金が何かが分かるのです。お金を支払って何かを手に入れる時に、化学的なものを使っていない食品を選ぶとか、地球にやさしいほうを選ぶとか、自然とそういうふうになります。買い物で自分の意志を示すことができる。お金とは愛の投票権だということが分かると、みんな生きていることがたのしくて、楽になるはずなのです。みんなお金のために働いている。お金が何か分からないのに、そのために働くのはおかしくないでしょうか。それをミツバチが教えてくれるのです。

見えない価値を数値化する

オペラ座の支配人に話をしてすごく共感してもらったアイディアがあります。

たとえばミツバチ1匹は生涯にティースプーン1杯のハチミツをつくりますが、これを資本主義経済で計算すると、どう高く見積もってもミツバチ1匹、たとえば15円とか20円というハチミツの価格の話になるのです。生産性としてそれだけの価値がありますよ、と。

しかし、ミツバチは人間の目の届かないところで1日3000個もの花の受粉をして実を実らせているわけです。それを、1個の実が100円だと換算すると、ミツバチ1匹が生み出す価値はなんと450万円なのです。今の資本主義経済はこの価値が見えないようになっている。

ある大きな会社が1兆円の利益をあげた、学生はすごい会社だと思って入る、しかし数年で病気になって辞めていく……ということが起きています。これはお金の額だけを見ているからです。

赤字か、かつかつ黒字の会社だったら、今の資本主義経済では評価されない。でもその会社の製品や事業によって、人々が感動して人生を頑張ろうと思ったり、そこから学んだことを人生に活かしていたら、そういうところに生まれる目に見えない経済は、実はすごく価値のあることなのです。だけどそれは、会計を出す時には計算されない。このいわゆる、すべての企業がやっているはずの、目に見えない価値を数値化するのが「ミツバチ幸せ会計」だとひらめいたのです。

ミツバチ幸せ会計

具体的にハニーファームで見てみましょう。

ハチミツが「もの」としてこれだけ売れた。でもそれを食べて幸せな気持ちになったとか、ハニーさんの話を聞いて頑張ろうと思ったということを数値化する。たとえばある英会話クラスの90分授業が６０００円だったとします。それと同じようにハニーさんのお話を90分聞いて、元気になったら６０００円というように、なんとなく感覚の似たものに照らし合わせて換算していけばいいのです。

僕が考えているのは、その換算の時の単位はドルや円、ユーロではなくて「Ｂｅｅ」という単位。ハニーファームはプラス50万円の黒字、でもＢｅｅは1兆5千万Ｂｅｅありました、という具合です。１兆円の利益を出した会社だけど、今年たくさんの人が鬱になって何人かが自殺しました、といった場合は、マイナス１８００億Ｂｅｅです、というように。

こんなふうに、ミツバチ幸せ会計を出さなきゃいけない雰囲気に、ヨーロッパから仕掛けていこうと思っています。ヨーロッパの方々はこういう「見える化」が大好きですから。ヨーロッパが採用し、スタンダードになれば、日本の企業も採用せざるを得なくなります。

僕の理想は、ミツバチ幸せ会計を公表していない会社に「あれ？　やましいことでもあるの？」と皆が感じるところまで持っていくことです。

企業にとって利益はもちろん大切ですが、それと同じくらい大切なはずの、世の中に良いことをしているか、人々を幸せにしているか。そこが見えない化されてしまっているのです。

ミツバチ幸せ会計が公表されるようになれば、今時の学生はそこを見ますから、Ｂｅｅ値が低い企業に入るのと、Ｂｅｅ値が高い企業に入るのと、どちらが幸せな人生を送れるかという選択ができるようになるわけです。オペラ座支配人は、この案を「最高！」と言って、「早く持ってこい、俺も協力するから」と言ってくれています。

志ある方々と一緒に、ミツバチ幸せ会計を世界のスタンダードにしていきたいのです。

・・・いつもココロに・・・

- お金は愛の投票権。自分が本当に良いと思うものに使おう。
- 見えない価値に目を向けよう。

(9) ハンディキャップのデザイン

「ゆっくり」を認めたらみんな幸せ

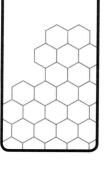

速すぎる社会のスピード

ハンディキャップ、障がいのある人のためのデザインもあると思います。

今の社会のデザインは効率性・合理性が最優先になっているので、ものごとを速いスピードで処理することを目的に街がつくられている。そこにゆったりとかのんびりとか癒しとかが入っていない。日本では電車がきっちり時間通りに来るなど、海外の人がびっくりするくらいすべてが効率的です。それは素晴らしいことですが、リズムが速すぎて、スピードの遅い人たちははじかれてしまうのです。

沖縄にはミツバチのお話会でよく行くのですが、「講演会は午後1時から」でも、ウチナータイムといって、皆が集まってくるのは1時半頃です。みんな毎回そうだから、それに文句を言う人もいないし、それが当たり前なのです。沖縄の人はおおらかでニコニコ笑顔が素敵で明るくて「なんくるないさ」の世界です。これで良いのではないかなと思います。

結局、効率の悪いことや、合理的でないこと、お金にならないことを、良くないことと捉えている。歩みが遅かったり券売機でオタオタしていたりすると、文句を言われたりする。そうなる原因は教育にもあります。早くしなさい、さっさとやりなさい……大事なことですが、多様性を認めない社会になってしまっています。

多様性を認める

生きものの世界では、ジャングルの中でそれぞれに役割があって、どれも欠けてはなりません。ナマケモノのように、ゆっくりゆっくり動いているのもいれば、速く走っていくのもいますが、同じ空間を共有しているのに、ぶつかったり、事故にあったりはしません。同じ空間にゆっくりと速いが同居している。その「ゆっくりと速いが同居できるということ」を自然は見事に教えてくれています。人間も本来それができるのです。ハンディキャップのある人を愛《いと》おしくサポートするとか、ゆっくりでもそういう人たちの仕事が成立していくデザインにして多様性を認めれば、おだやかに調和していくのです。

僕は子どもの頃、ボーイスカウトで、ろうあの人たちと一緒でしたが、彼らは聞くことや話すことが不自由なだけで、僕らとちっとも変わらないです。

フランスのろうあ学校ではミツバチを飼っています。養蜂家はミツバチの羽音でミツバチの気持ちを知るのですが、音が聞こえない彼らはミツバチの羽音のバイブレーションを肌で感じ、養蜂するのです。

素敵なのは、ここでは養蜂家だけでなく、造園ガーデナーと農家も連携して、庭や畑のお花からミツバチが蜜をもらい、その替わりに受粉することで実をならせタネが続いていく……という循環を、子どもたちが学ぶプログラムを提供しているということです。ですから、ろうあ学校の子どもたちは、畑やガーデンづくりもしています。

卒業していく子たちの働き口には養蜂家や農家、造園業という選択肢があります。マイナス面だけ見ないで、可能性を開いていくほうをみんなが見るようにする。ハンディキャップがあってもカフェでだって働ける。時にはオーダーを間違えたり、出てくるのがゆっくりだったりするかも知れませんが、そういうことを一般の人が「当たり前」と捉えればお仕事になるのです。

速いもゆっくりも共存する街づくりは、本来日本ではできていたのではないでしょうか。

ハンディキャップを持つ人の家族へのかかわり方

僕は娘を5歳の時に難病で亡くしています。まさにハンディキャップを持った子と暮らしていたわけです。この時僕が感じていたことも、一つの提案になると思います。

社会のリズムの速さに対する大変さは、うまくゆっくりを選ぶことで回避できていましたが、つらいと思うことが一つありました。

ハンディを持った子がいる、あるいは新たにハンディを負ってしまったという時に、一般的な感覚として「そっとしておいてあげよう」という風潮があります。大変だろうから、声をかけたり、お茶に誘うのは迷惑だから、と。これがハンディを持った僕ら家族にとっては一番つらいところでした。「そっとしておいてあげよう」という気遣いそのものを、社会からはじかれたように感じてしまうからです。

死の宣告を受けた娘を持つ家族ということで、多くの人が「そっとしておいてあげよう」と気遣ってくれたことでかえって孤立してしまった時に、一部の友達や知り合いが声をかけてくれたり、家族の中まで入ってきてくれた。「お花見行くけど来ない?」と。そうすると、寝たきりの子どもも外に出ることができるし、兄弟も解放され気持ちは相当助かる。何より社会とつながっているという安心感を持てる。「そっとしておく」が正しいデザインかというとそうではないのです。

そういう状況の家族は「どういうお医者さんに行ったの」と聞かれて話すことで楽になったり、「何歳までしか生きられなくて……」と人に話すことで自分を説得し、納得していくところもあるのです。

・・・いつもココロに・・・

- 効率だけを求めるのをやめよう。
- ゆっくりと速いは同居できる。ゆっくりを受け入れよう。
- 多様性を認めて、お互いが気持ち良く生きよう。
- つらい状況にある人に、声をかけてみよう。

10 街のデザイン

建物だけでなく、緑・花・ストーリーを

生きものをつなげる緑は、人間も元気にする

今、どこの駅に行っても駅前は同じようなデザインで、どこを旅してもみんな一緒に感じます。この原因も「ものさし」が〝お金〟だからです。

どこへ行っても駅前には同じ店があって同じものしか食べられない。その土地の名物が食べられないのは悲しすぎます。駅前に、地域の自然を取り入れた公園をつくるなどしてグリーンのエリアを置くデザインができると良いと思います。

僕がいつも悲しく思うのは、お昼にサラリーマンの方が街の小さな植え込みの樹に寄

り添って、缶コーヒーを飲みながらタバコを吸っている姿を見る時です。あれが唯一のホッとする時間だとすると……。そういう社会戦士を見ていて、あれが日常だとしたらいつか崩れてしまうと思うのです。そんな街のデザインになってしまっている。ストレスを抜いて癒しや安らぎを与えられる街のデザインを提案してあげないと、いずれ心身を壊してダウンしてしまう。

街の中の花壇や、ちょっとした植え込みは、生きものにとっても移動する回廊になるのです。生きものの回廊を切ってしまうと、やはり生きものは減ってしまう。緑の間を移動して生きものがつながっていくような街づくりは、結果、人間にもやさしいのです。そこを今は無視されているように思います。

人間のためにつくった街が人間にストレスを与えている。何ごとも「速すぎる」のです。スピードについていけるくらい元気な時はいいですが、ストレスによってだんだんそれがしんどくなっていく。

また、いずれみんなが年老いていくなかで、スピード感だけでつくった街で、高齢者が安心して楽しく暮らせるかというと、難しいのではないでしょうか。

街をお花でいっぱいに

街づくりでは、街の中にある命のボリューム、生態系の豊かさが、そこに集う人々の健康や心の豊かさにつながります。コンクリートやビルで覆い尽くされている所に住んでいると、しんどくなります。

僕の暮らす街、名古屋市星ヶ丘の商業施設ではミツバチのためにオーガニックな花壇をつくってくれました。ガーデナーの方がその作業をしている時に通りすがりの人が「ありがとう」と声をかけてくれるそうです。今までなかったコミュニケーションが生まれています。花壇ができればミツバチやいろいろな虫が来て、これもまさしくコミュニケーションです。虫は口でしゃべらないけれど、ガーデナーさんやボランティアさんにそっと言っています「お花を育ててくれてありがとう」と。

今まではミツバチがいる森と街は分断されていました。花壇ができたことによって、そこに生きものの通り道ができてつながった。自然の回廊ができて生きものが行ったり来たりできるようになったのです。

お花が豊かな所に人は集まります。人間もミツバチもお花が好きなのです。街づくりで街を活性化したければ、お花をいっぱい植えたら良いのです。できればミツバチが好きなお花、昆虫が好きなお花が良い。果樹も良いでしょう。

商業施設の運営では坪単価を考慮します。そのために元をとろうとしてお金儲けの提案がぎゅうぎゅうに埋め込まれるのですが、それがかえって息苦しさにつながったり、お客様が来ない原因となります。

街づくりをお金、お金でやってしまうと、結局、損得勘定をする人たちだけが集まってきて、大量生産、大量消費、大量廃棄という街づくりになってしまいます。駅前が同じ顔になるのと同じです。

すべての生きものがお花に集まるのだと考えたら、商業施設やコミュニケーションエリアに豊かな自然をいっぱい呼び込むことです。お花にあふれていたら、そのエリアは居心地が良いから人は来るし、来ればお買い物をしていくのです。そのように人の幸せのあり方みたいなものをしっかり提案していったら、人は集まるのです。いわゆる箱もの、建物だけを良いものにしても、人々が集う素敵な街づくりにはなりません。

素敵なストーリーに人は集まる

僕は昔から「事づくり」と言って、ストーリーをつくることを大事にしています。「ものづくり」はもちろん大事ですが、そこに「事」がないと駄目なのです。

たとえば、今僕が暮らす東山では昔から「東山のボート池で、カップルでボートに乗ると別れる」という伝説があるのです。その伝説は僕が子どもの頃からあって、一度人の口から伝わったことの根強さはすごいものです。

僕がミツバチを育てている場所の一つがまさにボート池の周辺です。そういったネガティブな情報があるならば、そこに新しい都市のストーリーを出せばいい。「東山星ヶ丘をカップルで歩いている時に、ミツバチがお花にとまっているところを見つけたら、そのつながりはミツバチと花と同じように永遠になりますよ」と。どうでしょう？　東山星ヶ丘に来てミツバチを見つけてみようという気になりませんか。想像してみてください、素敵なストーリーを街につけ加えるだけで、街が一変するのが分かると思います。

街をつくっていく時には、見た目や機能だけでなく、その土地に最も合った素敵なストーリーを考えた上で、それに寄り添うように箱をつくるのが良いと思います。

・・・いつもココロに・・・

- 身の周りを緑と花でいっぱいにしよう。
- 「ものづくり」に加えて「事づくり」をしてみよう。

(11) エネルギーのデザイン

日本の豊かな自然を活かす

夜の明りを変えて分かること

僕は夜は天井の電気はつけないで、ミツバチの巣でつくられる「みつろうキャンドル」を灯《とも》しています。すると、天井の電気の光は強すぎて、それを浴びていることですごく身体が疲れることが分かりました。ミツバチがつくってくれた自然のろうのキャンドルだとやさしい光が揺れていてすごく癒されるし楽なのです。夜に部屋をあんなに明るくする必要があるのでしょうか。

ヨーロッパに行くと照明は暗いです。日本も少しずつそうなっていくと良いと思います。知り合いがやっている古民家の宿舎の照明は20ワットです。最初は「暗い」と感じますが、目が慣れてくるとよく見えるようになるし、目が疲れない。心も疲れないし、楽なのです。

そういうことを取り入れていくと、少しずつではあるけれど、電気の削減、省エネにもなります。

省エネも押しつけられてやっている時は気が乗りませんが、自分の心地良さでやっていけば、無理なく続けられます。一人ひとりが電気の光をろうそくに変えていくとか、水の使い方、ガスの使い方を変えていけばいい。

僕たちが使うエネルギー、電気、ガス、水道などの通常のライフラインは、たとえば大きな災害が起きたら止まってしまうかも知れない。日ごろから雨水をためてお庭に還元したり、薪ストーブを使っていれば、災害時でもある程度はやっていけるでしょう。そう考えると今僕らは、あまりにライフラインに依存しすぎているのが分かります。そこにお金を払う必要があるから、そのために働かなくてはならなくなる。このように今ある社会のデザイン全部に連鎖しているのです。

水の恵みと森の恵み

エネルギーは、国や地域によって違っていいと思います。日本には大型の発電所は向いていないと感じています。それなのに大きな発電所を、消費する都会から遠くはなれた所につくっている。遠くから送電するから、無駄になる電力もたくさんあるわけです。

先日、ハーブとミツバチで何かをやりたいということで、人口一万人の長野県の池田町というところに行って来ました。そこではアルプスの雪解け水が豊富に町中を巡っています。その流れの力を使って小型のモーターを回せば、この町のエネルギーは自給できるなと思いました。

日本は森林資源が豊かですから、エネルギーのデザインを考える時には森のデザインを考えるということになります。日本では戦後、スギとヒノキをたくさん植えましたが、結局南洋材のほうが安いからと、木材を海外から輸入するようになった。そのために放置されてしまった森林がたくさんあります。荒れた森林は生態系を壊しますし、針葉樹だけの森は、雨が降れば表層が崩れて危険です。

本来であれば、森が豊かであれば川がきれいになり、海がきれいになり、生態系が豊かになって食べものも良くなるのです。今は森のデザインがあまりできていません。それは森に手を入れるだけの価値が見出せていないからです。

建築材は今は海外のものが多く国産材は高いですが、それは需要と供給のバランスの問題なので、国産材がよく使われるようになれば安くなるのです。そういうように、森林のデザインをし直さなければいけないと考えています。

身の周りで使われる材料の〝出身〟に想いをはせる

海外から来ている木材には違法伐採のものもあります。家のフローリングに使われる木材が、違法な伐採で生きものたちを根絶やしにしたものかも知れないのです。入手ルートが複雑なので、業者ですら分からないことが多い。僕は今の住まいを買う時に「こういう仕事をしているので、この床のフローリングの木材はどこから来ているか知りたい」

と聞きましたが、メーカーは答えられませんでした。業者さんですら分からない、違法伐採の木材を使っているかも知れない、という意識を持ってもらいたいと思います。

この問題は、心の問題、健康の問題にもつながっています。今都会で働くたくさんの人が心の病にかかって働けなくなる人が増えています。そういう人たちに日本の森に入ってもらい、そこで働くなどしてもらったら、自然の力に救われるし、そこで生まれる資源、エネルギーをうまく循環させることもでき、森も救われる。そうすれば生きものも海も川も全部救われるのです。木材資源を使うバイオマス発電だってある。このストーリーを林業と医療と企業が連携し、各県、市、町ごとに実現できたら良いと思います。

クリーンエネルギーこそ自然への配慮を

時々悲しいなと思うのは、美しい高原にたくさんのソーラーパネルがあることです。太陽光発電はクリーンエネルギーだということで、「私たちはエコロジーに貢献していますよ」とやっているのだと思いますが、あまり日本には合っていないように思います。

なぜなら、森が切り開かれて、そこがソーラーパネルになっているのは、景観として美しくないし、生態系を分断しているからです。

ビルの屋上や砂漠であれば良いと思います。しっかり太陽が降り注ぐし、生態系もあまりない。全否定ではなく、合うところには導入していったら良いと思います。

風力発電も回っていないものもよく見かけますし、山の風の通り道は鳥の通り道であることが多く、プロペラにたたかれて鳥が死んだりしています。内陸の鳥の通り道に発電の風車を建てるのは、僕はちょっと悲しく感じています。

要するに使いようなのだと思います。科学の進歩は素晴らしいですが、そこに自然への配慮や生きものへの配慮、景観への配慮をすることはとても大切です。

エネルギー問題を自分ごととして考える

東日本大震災後から各地域に根差した小規模な市民発電所があちこちで立ち上がっています。そういう取り組みは素晴らしいと思います。しかし気をつけなければならないことは、そういう取り組みは孤軍奮闘になりがちで、意識の高い人だけが、ただただ身をすり減らしてやる活動になることが多いということです。

市民はとかく、エネルギーのことは自分たちには関係ない、自分たちが語ってはいけないと思いがちですが、スマホの電気もしかりで、エネルギーがないと僕たちは生活ができません。そういうところから、エネルギーの問題を自分のこととして考えることは大切です。

電力会社やガス会社も、たくさんの社員を抱えて暮らしを支えなければならないという現実がある。しかし、その一方で、生態系のことなどを考えて、自ら提案ができるようになれば素敵なことです。

エネルギーを自給自足をしようと一生懸命やっている人と、大きなエネルギー会社の人たちとは、経済的な観点からすると違う方向を向いているとお互いに感じているかも知れません。大きなエネルギー会社は自給自足の人たちをわずらわしいと思うかも知れません。一方自給自足をめざす人たちは、大きな企業を悪者にしがちです。しかし、これこそ真ん中でぎゅっと交じり合わないといけないと思うのです。お互いの良いところを生かし合うようにできれば幸せです。反対運動とかボイコットからは何の幸せも生み出されません。それこそ人生の貴重な時間の浪費となり、憎しみの感情を持っていては、自らの健康を害することにもなりかねません。真ん中で「にこっ」と握手するということが、これからの新しい社会デザインの中では必要なことなのです。

・・・いつもココロに・・・

- 家の照明を見直してみよう。
- 普段からライフラインに頼らない方法を取り入れてみよう。
- エネルギーの大会社を責めるだけでなく、自分のこととして考えて、ともに進む道を探ろう。

⑫ メディアのデザイン

見分けて、自らも発信する

虚像にごまかされてはならない

今はいろいろなメディアがありますが、そこで発信されている内容を結構みんな信じています。「テレビでこう言っていた」「新聞、雑誌にこう書いてあった」……と。皆そこが無防備になっています。それは小さい時からテレビを見て、新聞を見て育ってきたからです。情報も、今はハッピーな情報があまりない。苦しい悲しい話が多くて、つらい情報がどんどん潜在意識の中に流れ込んでくるのは、幸せなことではないと思います。

僕は今、新聞もテレビもない生活をしていて、ほとんど情報が入ってきません。でも何も不自由はありません。

朝霧高原の統合医療の山本竜隆先生がおっしゃったのは「人間を駄目にして、日本を骨抜きにするのは、スクリーン、スポーツ、セックス」だと。

スポーツで熱狂させ、興奮を与えて日本人をガス抜きにする。性的なものも、大人がネットを管理していると言っている割には、垂れ流されていて、子どもたちがすぐ受け取れるようになっています。スクリーンは昔は映画でしたが、今はテレビ画面やスマホ画面、ゲームにとって代わっている。あれは虚像です。

どんなに美しい画面できれいな森や川の流れが映されても、実際目の前にある森や川とは違います。それでも鳥の声が聞こえて、川のせせらぎが聞こえてという映像が流れると、心地良さを感じ、虚像の世界を求めるようになる。その画面で「気持ち良い」という一時のごまかしは得られても、本来の心の健康、身体の健康は得られません。そういうものだと思ってつき合うことが大事です。

自分自身もメディアとして責任持って発信する

これまで提案してきた社会デザインのことが読み解けてくると、本質が見えてきて、本当と嘘を見抜けたり、読み分けられたりができるようになります。

そうやって真実を見分けられるようになった時に、インターネットを含め既存のテレビ、新聞、雑誌メディアの情報が少しでも変だなと思えば、自分がメディアになってもいいのです。今はスマホ一個あれば簡単に自分自身がメディア側、発信者になることができる。

一方で自分がメディアになるということは大きな責任が伴うものです。僕自身もすごく責任を感じています。発信する時は、大脳ではなく、おなかと心で責任と覚悟をもって情報を出さなければなりません。上っ面な大脳で出してはいけません。愛する人たちのために、きちんと見分けて、良い情報を渡すことを心がけていくことです。

・・・いつもココロに・・・

- 流れてくる情報の本質を見分けられるようになろう。
- 〝虚像〟とのつき合い方をわきまえよう。
- 自分自身が大切な人のためにメディアになり得ると知ろう。

(13) 農業のデザイン

頑張る農家を買い物で応援する

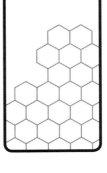

自然のバランスがとれていたら、すべてうまくいく

バリ島のグリーンスクールに行った時にジャングルを歩いていて感じたことがあります。ジャングルにはチクッと刺す蚊などの虫がいます。Tシャツでズボンをまくり上げて裸足で歩いていると、そういう虫にたくさん刺されるのではないかと思っていたのですが、どんな場所に行っても虫は僕の血を吸いに来ないのです。

その時に思ったのは、本当に豊かに自然のバランスがとれていると、虫は人間の血を吸わなくていいのだなということです。よく考えてみたら、ジャングルの中に人間はいつもいるわけではありません。何か違う循環の中で虫の生命はまかなわれていて、人間の血はごちそうではない。人間が虫に刺されたりするところは、逆に自然のバランスが損なわれているのかも知れないと感じました。

農業をやっている人の中には、農薬も化学肥料も使っていないからと、作物が虫に食われていることを良いことのように言う人もいますが、一方、自然栽培の方々は「ハニーさん、本当に良い土には虫が来ないんですよ」と言います。

子どもたちが野菜を嫌いになるのは、農薬とか化学肥料のケミカルな感じが野菜に移っているからではないかと感じます。自己防衛が働いて、身体をつらくするものを入れたくない。それを子どもたちは「まずい、おいしくない」という表現をしているだけではないかと思うのです。親もそういうことを勉強していったら良いと思います。

これからは、頑張っている自然系の農家のお野菜をみんなが買うようにすれば良い。値段が「高い」と言う人がいますが、僕たちの身体は食べるものでできているのだし、心も育まれています。食べるものによって心身が好調になったり不調になったりすることを考えたら、良いものを選んで食べることは決して高くはないはずです。

いきいきと明るく育った食べものたち

アフリカの最貧国のブルキナファソという国で、砂漠を農地に変えている人がいます。船橋真俊さんという協生農法を実践している人です。船橋さんは今すごく注目されていて、なかなか会えなくなってしまったのですが、彼はあらゆる野菜や果樹のタネを混ぜてまいていています。そうすると多種多様な芽が出てくる。野菜、果物はそういうようにまかれるとお互いが励まし合うと言うのです。「頑張れよ、俺も頑張るから」と、お互いにコミュニケーションをとるのだそうです。そうするとびっくりするくらいエネルギーがある、おいしくてきれいで大きい野菜がとれるのだそうです。

最貧国の砂漠が、今とても付加価値の高い農地になっています。それは生きもの同士が励まし合っているので、昆虫や、微生物も良い形で入っているからだと思います。

人間も同じです。孤独でいるより、たとえばいろいろなタイプの人が周りにいて、褒め合って、「いいね」「素敵だね」「最高だ」とやっていたら、お互いが元気になるのだと思います。まして、そういうふうにできた食べものを食べていれば、人間はもっとエネルギーにあふれて元気になる。

大規模農業で行なわれている単一栽培だと、野菜同士の励まし合いがありません。ただただトマトだけキュウリだけになって対話がない。そうすると寂しいし、悲しいし、一定の量や大きさに育てるために、化学の力、農薬が入る。そうすると唯一残っていた、野菜と土壌の微生物との対話が消えてしまうのです。生きものがそこに来なくなり、孤独で寂しいと思っている食べものを僕たちが食べることになってしまうのです。

他の植物や昆虫などの生きものと明るく前向きな対話を交わしていれば、その情報みたいなものが、その食べものに入ってくる。だから僕らはその命の情報を食べて心と身体をつくっていることになります。ストレスを受けて育った肉や野菜を食べれば、ストレスを身体に入れることになる。のびのび元気に安心安全な環境で育った食べものであれば、そういう元気が人間の身体に入ってくる。それは健康の原点みたいなものだと思います。

僕たちは被害者であり加害者である　一人ひとりが動くこと

そういう食べものをいつでも手に入れられる社会デザインにしていくことが大切です。多くの人は「自分たちは無力だ」と言いますが、そうではないのです。僕はいつも言うのです。「あなたたち一人ひとりしか世界を変えられない」と。

「かしこい消費者」と言いますが、化学的なものを使わずに頑張っている農家さんを僕たちは買い物で応援していくことができる。自分と家族の身体を健康にしたいと考えるなら、毎日の野菜の買い方、肉の買い方、財布のお金の使い方に気をつけるようになる。そうやって気をつけるようになれば、純粋に世の中は良い方向にいくと思うのです。

お話会の時に、「自然環境や生きものに良くないものをバーゲンで買っちゃいました」「割引の時に買いだめもしちゃいました。それは排水溝に流せばとんでもない汚染になる。どうしたらいいですか?」といった質問があります。僕は『人にやさしい、地球にやさしい、生きものにやさしい製品をつくってください』と一筆書いて、宅配便代はかかるけど、メーカーに送ってあげてください」と提案しています。日本中から、メッセージとともに自分たちがつくったものが返されてくる……毎日毎日宅配便が届いて「なんか段ボールがいっぱい来ています」となったら、企業存続の危機を社長さんも感じるだろうし、方向を変えてくれる可能性があると思います。

企業だって人を苦しめるための製品をつくりたいわけじゃない。みんなが幸せになるためにという動機で会社を興して製品をつくっているはずです。自分たちが儲けるためとか会社の人間の生活のためにつくっているものが、地球の生きものを苦しめるものになることが分かったら、方向転換だってできる。環境に良い製品やサービスに変えていけば、もっと支持されるのではないでしょうか。

環境問題でいつもお話しをするのは、僕たちは被害者だけど加害者でもあるということです。自分も知らず知らずに水質汚染に参画しているかも知れない。「川をきれいにして」「おいしい水が飲みたい」と誰かに向かって言うのではなく、自分がちゃんと意思を示して、少しでも良い社会デザイン構築に参加していくということです。

・・・いつもココロに・・・

- 食べものをどう選ぶか勉強しよう。
- 買い物は投票。何を買うか選ぶことそのものが意思表示になると自覚しよう。
- 環境問題は「誰かにお願い」ではなく、自分から行動していこう。

⑭ 装いのデザイン

心地良い服が身体と心を豊かにする

自分が心地良い、好きなものを身につけよう

なぜ日本人は皆ワンパターンな紺やグレーのスーツを着て、仕方なくネクタイをはめているのでしょうか。日本は制服を着ることをすごくきちんとしていますが、あれは組織に帰属しているという安心感の表われでもあるのです。

装うということは自分の個性の表われですが、それを一つにパターン化して統合している。一時期の学校などの制服は仕方がないにしても、その感覚をずっと持って社会に出るのはいかがなものでしょうか。

僕もサラリーマンをやっている時は、おとなしいスーツを着てきゅっとネクタイをしめていましたが、苦しかった。今、ミツバチと暮らすようになってからは季節を楽しむ自由気ままな格好です。好きでもない服は着なくていい。自分の気持ちが上がる格好が一番いい。カバンもお財布も身につけるものすべてが世間体とか、〝じゃなきゃいけない感〟の表われだと、苦しくなります。

色もそうです。僕は、ミツバチの黄色と海の紺、空のブルーが好きなので、その3種類の色の服しか今は買いませんし、自分が心地良いと感じるものしか買いません。そうするとあまりコーディネートとか組み合わせを考えずに済むのです。

洗濯が終わったものを適当にパパパッと手に取って着ているだけですが、まるでコーディネートしたみたいに、「ハニーさんはいつも黄色が映えて素敵ですね」なんて言われます。紺やブルーに黄色は合うのです。

自然と僕イコールその色合いとなって、自己主張になっている。これがグレーのスーツを着て、目立たないネクタイで講演会やお話会をしていたら、印象が全く違っていると思います。実はスーツは一着も持っていないので、着ようがないのですが。

着るものの素材も自然界から紡ぎ出したものが良いです。ミツバチの受粉でできた綿花や、麻といった植物の繊維をとり出して織っていく。自然のものはエネルギーがすごく高いです。

石油でつくられた繊維もありますが、なるべく身につけるのは自然素材が良いと思います。綿とか麻を気にして選ぶようにしていますが、だからといってデザインが悪ければ買いません。とにかく気持ちが豊かになる衣類や小物を身につけることが大切です。そうするといつもそれに触れていられるし、それだけで心が豊かになるからです。

服装で判断されない社会は気持ちを豊かにする

服装で人を判断するのはいかがなものでしょうか。

以前、大阪のあるホテルがホスピタリティー（おもてなし）がすごいという話を聞いて、息子と大阪に行った時に、ちょっと冷やかしてみようと、その一流ホテルに短パンとビーチサンダル、Tシャツで行ってみたのです。

嫌な顔をされると思ったのですが、入り口で女性が深々と頭を下げ「ようこそいらっしゃいました。今日はどういったことをお望みですか?」と聞くので、「コーヒーが飲みたいのです」と言ったら、仕事の手を休めてコーヒーが飲めるところまで連れて行ってくれました。

「コーヒーを召し上がりたいそうです」と言って、そこのスタッフにバトンタッチした。すると「こちらでコーヒーはお召し上がり頂けますが、ちょうど今ピアノのライブが始まるところで、ライブチャージが入ってお一人3000円になります」と言われ、2人でコーヒー6000円はないなと思って、「せっかくだけどやめておこうかな」と言うと、「お客様のお望みに応えられなくて、誠に申し訳ありません。他に何か御用名はありますか?」と聞くのです。

そこで、そのホテルにはクレドという企業の約束事や信条が書かれたものがあると知っていたので、クレドを見たいと言ったらフロントまで連れていってくれ、「お待ちいただけたら近くに事務所があるので、そこまで行って取ってまいります」と言うのです。カフェのスタッフがホテルから10分くらいの事務所まで取りに行ってくれました。さらに質問したら、丁寧に丁寧に答えてくれました。「他に何かありますか?」と言われて、「ありがとうございます。トイレに行って帰ります」と言ったらトイレまで案内してくれました。

結局僕らはクレドをもらってトイレに行っただけで、このホテルに経済的には1円も落としていない。帰る時には、出口まで見送ってくれて、そこに最初に会った方もいらして、「お帰りでございます。今日はありがとうございました」と外まで出てきて最敬礼です。結局ビーサン、短パン、Tシャツの親子は「ありがとうございました」と言ってホテルをあとにした。だいぶ歩いてふっと振り返ったら、まだ最敬礼している。要するに服装で人を見ていないのです。

入っていくと上から下まで人をピッと見るお店もあります。あれはその人の服装・靴を見ればどれくらいお金を持っていて、どれくらい商品を買ってくれるかが分かるなどと教えられているからではないでしょうか。服装で判断されるから、みんなスーツを着るようになるのでしょう。服装で判断されない社会ができると、着ることを楽しめて、気持ちももっと軽やかで豊かになると思います。

・・・いつもココロに・・・

● 素材、色、デザイン——自分が心地良い服を着よう。

● 服装で人を判断しないようにしよう。

⑮ コミュニケーションのデザイン

まずは自分としっかり向き合うこと

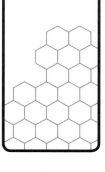

人生はほとんど「していただいたこと」

僕は内観ということをやったことがあって、1週間、屏風で囲われた座布団一枚のスペースの中で、母親との関係、父親との関係などを見つめていきました。日頃情報過多の中では、そんなことをやろうと思ってもなかなかできません。食事もその屏風の中に入れてくれる。そこから出られるのはトイレとお風呂の時だけです。

誰とも会わず、人とのコミュニケーションが遮断されているのですが、実は自分とのコミュニケーションがすごく活発になっているのです。そうするとたとえば幼い頃のことを問われると、幼稚園の時のお弁当箱のデザインとか、お弁当箱にあった傷なども思い出す。普段は外とのコミュニケーションばかりをやっているから、自分とのコミュニケーション、対話がすごくおろそかになっていることに気づけるのです。

コミュニケーションの原点はまず自分との対話です。「康貴元気か？　今の気持ちの状態は大丈夫か？」とか、「楽しんでいるか？」という問いかけを自分自身にする時間がなかなかない。

内観で見るのは3つ、「していただいたこと」「ご迷惑をかけたこと」「恩返しできたこと」これだけをずっと1週間見つめていくのです。そうすると、やれば分かるのですが、人生はほとんど、「していただいたこと」と「ご迷惑をかけたこと」ばかりなのです。返せたことはほとんどないことに気づくのです。

人間はコミュニケーションという土台において、ほとんど助けていただいたり、ご迷惑をかけながら生きている。そのことに気づくと、涙が止めどなく流れ感謝の気持ちでいっぱいになります。ここから恩返しの人生が始まるのです。

自分とのコミュニケーション

たとえば僕は、小さい頃から家が貧しくて借金取りが来て、親の愛がもらえていないと思っていました。内観していくと、大変な中で母親がご飯をつくり、父親は子どものためにしたくもない仕事をしていたのだなと分かってくる。そうすると感謝しかなくなるのです。してもらっていないというのは大間違いで、無限の愛で育てていただいた、親も必死だったということに気づくことができる。自分としっかり対話して、自分をいつくしんで聞いてあげるということの作業が、外とのコミュニケーションにすごく役立つのです。

1週間の内観はそういう決められた場でないとなかなか出来ないですが、僕が今時々やっているのは、カフェに行って好きな飲み物を一つ頼んで、スマホなどの電源を切り、雑誌や新聞を持ち込まずに、ぱらぱらとスケジュール帳の先を見ながら、「最近どう?」と自分に問いかけるというものです。すると、ちゃんと答えが返ってきます。ちゃんと聞いてあげれば「実はね、ここがつらいんだよね」と正直に言ってきます。

そこを見つめ直せばいい。「つらいんだね、少し減らそうか、シフトチェンジしようか」とか、「おいしいものを食べに行こうか」「自然の中に入ろうか」と、きちんといたわってあげる。時間がない人でもカフェに入って30分、週に一回、自分と向き合ってコミュニケーションをとること。自分の声を聞いてあげること。そのようにして自分とのやさしいミーティングがしっかりできていると、外に向けてのコミュニケーションが良くなっていきます。

おしゃべり下手でもコミュニケーションはうまくいく

「コミュニケーション術」みたいなものがありますが、雄弁なことがコミュニケーションの達人でもないのです。知人に「サイレントセールス」と呼ばれる人がいます。要するに口下手なのですが、その彼が営業で全国で一番になった。「コミュニケーションは苦手なんです」と言う人もいますが、そうやって決めつけてはいけません。目を見てうなずいてあげて、笑ってあげて、受け止めてあげて、相手の人にしゃべってもらって、ちょっとした質問をポンと返すということも、立派なコミュニケーションです。

　サイレントセールスの口下手な人たちが集まる宴会があるのですが、行ってみると、部屋はシーンとしている。ぼそぼそ、ぼそぼそと会話をする程度。僕らの概念では、宴会は盛り上がっていなければいけないもの。「これ、シーンとしていて大丈夫ですか？」と聞くと「これでも十分盛り上がっているんです。これでいいんです」と言うのです。いいのですね、それで。

一日を感謝で終える

　もう一つ僕が直感でやっていることがあります。感謝瞑想といって、感謝を伝えていく方法です。一日が終わって夜寝る前に5分でいいのです。お布団の上で楽な格好で、寝ていてもいいし、坐禅みたいな形でもいい、とにかく、心静かにして、今日一日出会ってくれた人、お世話になった人を思い浮かべていく。そして「感謝しています。ありがとう」とその人に言っていくのです。

あまりにもたくさんの人に会った時やお話会に１００人来てくれたような場合は、その場面を思い浮かべて、「来てくれてありがとう。聞いてくれてありがとう」と言います。人間のやっかいなところは、嫌な思いをさせられた人には絶対に「ありがとう」と言いたくないことです。しかしそこをあえて、たとえばその人の発言を不快に思ったポイントがあったとしたら、「そういうことを言うと人が不快になるということを教えてくれてありがとうございます。いろいろあなたも大変なのですね。頑張ってくださいね」と、ちゃんと対峙して感謝を言っていく。一日５分もかからないです。そうすると一日が完璧に終えられるのです。

今人々は毎日毎日が連続性の中にある。過去からのこと、明日から先のこと、そして今日のこと。それが全部つながっているから、ハアハアと息を切らして頑張って走らなければならなくなる。そこで夜に、それこそろうそくを灯して眠る前に、一日にケリをつけていくのです。そしてそれで「おしまい」にして明日に引きずらない。謝罪するか、感謝するか、ありがとうと言うだけです。それをやると、翌日、朝日とともに「今日」が始まるのです。

・・・いつもココロに・・・

● 外へのコミュニケーションの充実のためには、まず自分と対話する時間を持とう。

● 一日を謝罪と感謝でしめくくろう。

⑯ 遊びのデザイン

自然は遊びを通して子どもを育ててくれる

子どもにはハラハラの経験を

今の遊びは、ドキドキ、ワクワクだけになっているような気がします。子どもたちの成長につながるのは、〝ハラハラ〟するような危険に対峙する遊びで、それは自然の中にたくさんあります。虫に刺されないかとか、ヘビがいたらどうしようとか。

今はゲームなどの遊びが主流で、そういうものはすべて予定通りにものごとが進んでいきます。リセットすればすべてが元に戻る。予定でないこと、何が起きるか分からないことこそが、気持ちをハラハラさせるのです。自然の中であれば、友だち同士でお互いのことも気づかうし、五感を超えた第六感・ゼロ感を発動させることになる。五感より上の感覚を持っていないと自然の中ではうまく遊べません。ですからそれをフルに研ぎ澄ましていくことが、大人にとっても子どもにとっても、心の健康や身体のバランスにつながるのです。

外遊び、川遊び、森遊びみたいなことは危ないからと、家の中で遊んだり、マンションの敷地で遊んだりする。遊びを通して人は成長するのですから、遊びの場所も内容も大切であるのです。

僕らの頃はアリを水攻めにしたり、マッチの火で毛虫を焼いてみたり、ひどいのはセミの羽根をもいでいる子もいて、あんな残虐なことは子どもの時しかできないです。しかしああやって遊びの中で殺生をすることが大事なのです。結局、子どもなりの、何か興奮があって殺してしまうのですが、あれは経験させてもらっているのです。いくつもの命を奪ったその経験の中で、命の大切さが分かってくる。

あれは自然界からの教育プログラムだと思います。これをやらないと成熟した大人になれないのです。もしくはやらないと大人になってから危ないことをする。殺生をたくさんやった子は反省するわけです。命がいかに大事かと、はたと気づいて「ごめんなさい」と反省する。それがやさしさ、思いやりになる。ですから遊びはすごく重要で、その最大の先生は自然なのです。そういう遊びができる環境を子どもたちに用意してあげたいものです。

自然のふところの中で子どもは力を発揮する

親子で自然に触れあいましょうというワークショップを、毎年沖縄で3泊4日でやっているのですが、波打ち際で子どもたちが戯《たわむ》れていると、親は「濡れる」「危ない」とか言うわけです。僕は「見守ってください、子どもから離れましょう」と言います。子どもはちゃんと危険のぎりぎりは分かっています。濡れて着替えがないというのは大人の都合です。離れたところで見守っていたら、都会でやんちゃをしている子どもたちが連携して、波と戯れて遊んでいるわけです。

普段は「ゲームがなきゃいやだ」という子たちなので親もびっくりしている。食事の時間になっても「もっとここで遊んでいたい」と言う。そうすると親はなんだかんだと言いたくなりますが、「そのまま遊ばせましょう。食事の場所が分かっていれば、日が沈んで心細くなったら帰って来ますから」と言います。先ほどの、ワクワク、ドキドキの次のハラハラです。日が落ちて暗い海になっていく時にハラハラするわけです。それが大事なのです。子どもたちはちゃんと帰って来ます。

散歩をしてご飯を食べてお昼寝をして、また散歩をして星空を見て、そして朝日を見る。日の出から朝食まですごく時間があるので、最初に行った時は時間を持て余すかなと思ったのですが、暗いうちから海岸に出て待ち、日が昇ると、誰も教えていないのに子どもたちは目をつぶって合掌する。そういう感覚を持っているのです。親もびっくりしています。

時間があると海岸でいろいろなものを拾い始める。黙々とそれを岩の上に並べ始める。何だろうと思っていると「ハニーさん、神様へのお供えもの」と言うのです。ちゃんと機会を与えてあげれば、子どもたちのそういう回路が開くのです。自然のふところの中で遊ぶことで、子どもはちゃんと本来の生きる力を発揮させるのです。

・・・いつもココロに・・・

- ハラハラする遊びが、子どもたちを育ててくれる。
- 幼い子どもの殺生は自然界からの教育プログラム。見守ろう。
- 自然の営みを感じられる機会を子どもたちにあげよう。

⑰ 睡眠のデザイン

一日にケリをつける

“眠り”に生活のすべてがつながっている

良質な睡眠は幸せの源だと思います。

今眠れない人が多いです。なぜかと言うと、生活のすべてがつながっていて、食べることが雑になると眠れない、コミュニケーションが雑になると眠れない、仕事が長引いて夜に電気の強い光を浴びていて眠れない、スマホをいじっていて眠れない……。眠れないと身体も心もつらくなっていきます。

「枕はこれ」「布団はこう」「睡眠のための音楽はこれ」など、よく眠るための対策がいろいろありますが、それは対症療法であって、本質の解決策ではありません。

旅行へ行って森の中の宿に泊まると、よく眠れるということを経験した人は多いと思いますが、やはり身の周りや心に自然があるから眠れるわけです。一日にケリをつけて感謝をして、翌日に遺恨を残さず、身体が元気で心が元気であれば、良質の睡眠があるのです。

一日にしっかりと区切りをつける

パタっと眠れたら一番いい。子どもの時はみんなそうだったのではないでしょうか。気づいたらパタッと眠っている。大人になり、しがらみを背負った時から眠りにくくなるのかも知れません。よく眠れるということは、純粋に生ききって身体と心のメンテナンスがしっかりできているということです。薬にお金を投じたり、眠るための対策にお金をかけるのだったら、時間をかけて心をいたわって毎日生ききったことを確認すると良いと思います。

一日の疲れをリセットする眠りなのですから、しっかりと身体を使って良質なコミュニケーションをとって、程よく疲れることが大切です。コンクリートの箱の中でずーっとパソコンの画面を見つめて頑張って寝床に飛び込んでも、よくない妄想しか生まれません。良質の睡眠はすべての原動力なのですから、そのために生活全体を整え、自然との定期的なかかわりを持つことは大切です。一日をしっかり終わらせること、心と身体のデザインを整えていくと良質な睡眠になると思います。

・・・いつもココロに・・・

- 良い眠りのためには生活全体を整えよう。
- しっかりと生きききって一日を終え、明日を迎えよう。

⑱ 自分のデザイン

〝大好きな人〟に助けてもらう

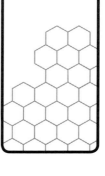

人間は本来、弱いもの

〝自分〟というものを見つめてみると、僕も含めて誰でもみんな弱虫で泣き虫です。みんな心細いし、寂しさを抱えている。僕が営業職をやっていた時に、自分が大好きな歴史上の人物とか、アニメのキャラクターとか、あるいは何十年後かの素敵になっている自分を相談相手にすると、とても具合が良いことに気がつきました。

自分で立てた相談相手、コーチであれば、最も自分に合っているからです。船橋康貴は寂しがり屋で泣き虫で弱くて、たいしたことない感じなのですが、名コーチを一人決めて、自分の心の片隅にいていただくと、いろいろなことがうまくいく。僕は自分の相談相手・コーチを坂本龍馬にしました。

僕が営業で全国で一番になった時、「龍馬ならどうする?」と問いかけていたのです。すごく厳しい社長さんがいる大きな会社があって、誰もその会社に営業ができないでいました。船橋康貴がその会社の前に立つと怖さが先に立つ。だから、「訪問するのはやめよう、営業日報には、訪問したけど社長不在と書けばいいじゃん、バレないよ」となる。ところが坂本龍馬に聞くと「今すぐ行くぜよ」「頭で考えちゃいかん」と言うわけです。「分かった、龍馬!」と、会社に入って名刺を出して応接室に通されて、龍馬に社長が来たら何を話したら良いかを聞く。船橋康貴が話すと限界があるけど、龍馬に相談すると前に進める。

「あの人強いな」と思う人も、実はそんなに強くはないのです。人間とは元来弱いものです。誰もが一人で生まれてきて一人で死ぬわけで、基本的には孤独なんです。それをうまく補うために、友達や夫婦、仲間とともに生きていくようになっている。とてもうまくデザインされているのです。

コーチには、理想の自分が投影されている

相談相手を自分の進歩とともに替えてもいい。「龍馬さん、今日までありがとうございました」と言って、次の目標、ワクワクに向かってそれにふさわしい相談相手に替えてみる。今生きていて活躍している人にコーチをしてもらおうとしたら、たいへんな費用がかかりますが、私の方法では無料です。

自分が好きな人だから、その人がどんなふうに考え行動するかをよく知っている。僕も龍馬の本を何回も読んで、龍馬の思考、言動がなんとなく分かっている。これはとても簡単で、相談に答えてくれる時の龍馬の姿は、その時の自分の理想なわけです。そうやって本来の理想の自分をうまく立ち上がらせることができる。しかしそこには無理がない。好きだからです。

理想の自分づくりとか、いろいろなセミナーがありますが、それが合う一部の人には良いかもしれませんが、結局高いお金を払ってセミナーに出ても、本来の自分と合致し

なければ続かないし、ましてワクワクと魂が動かなければうまくいかない。

　自分の魂に合致する人を相談相手にすることは、勇気になるし活動の原動力になる。簡単なのです。菩薩様のように生きたいと思ったら、菩薩さんをパートナーにすればいいし、イチローのように生きたいと思ったら、イチローにコーチになってもらえばいい。尊敬する経営者や、素敵だなと思う農業人、自分の想いに素直に従えば、うまくいくのです。そうすると知らない間に自分のデザインができてくる。

　理想の自分をつくっていくのは、素の自分だと難しい。弱いし逃げ出したいからです。しかしそういう人に手伝ってもらうことで、実現できる。だから僕は龍馬をコーチにしていたことで、オペラ座に飛び込むことができたし、ディズニーにも飛び込むことができたのです。

　そしていずれ、自分をしっかりとデザインできたら、そこで初めてコーチを手放したらいいのです。

・・・いつもココロに・・・

● 弱い自分を否定しない。

● 自分の好きな人を〝相談相手〟にしてみよう。

● 自分の成長とともに相談相手を替えてみよう。

（19）愛・夢のデザイン

愛されていることに気づいて夢を持ち、実現させよう

狂気だけでは命を落とす

「愛」ってなんだろう？と、改めて考えるとよく分かっていないところがあります。

僕もミツバチを通して世界の人を愛で包んで幸せにしたいと、それが「愛」だと思ってやっていました。ところが、何か一つのことを成し遂げようとした時に、それが大きなことであろうと、小さなことであろうと、そのエネルギー源として〝狂気〟というものがある。

坂本龍馬を師匠にしたとお話ししましたが、坂本龍馬も命を張りました。いつ死んで

もいいと思ってやっていた。ですから僕もディズニーの本社に交渉しようとした時は、射殺されてもいいと思ったのです。しかしこれは狂気です。こういう状態は愛ではありません。社会に対する、現実に対する怒りや憎しみを昇華させたものであって、これを継続させるには限界があるのです。

僕も命が消えてしまうのではないかと思う状況になったことが何度かあります。ある一定以上に燃焼して使い切ったら、命は消えるのです。狂気ではそうなりがちです。龍馬も大政奉還の前に斬られている。狂気で歴史を変えた人たちは、皆そうなっている。

愛と狂気のバランスで事を成す

『ラ・ラ・ランド』という映画を観ました。ラブストーリーで最後は切ない終わり方をするのですが、その中で主人公が言った言葉に僕はすごく衝撃を受けました。それは「事を成すためには狂気は必要だ」というもの。それは僕にはピンとくるわけです。この映画で主人公が求めているものが全体的に「愛」だと分かった時に、僕は狂気と愛のバランスは大切だと気がついた。

鹿児島の仕事のあと、霧島の温泉に泊まったことがあります。霧島は僕が好きな坂本龍馬とおりょうさんが日本で初めての新婚旅行で訪れた地と言われている所です。龍馬は深手の傷を負った時、その治療のために霧島の湯で湯治をしたのです。

霧島神宮という所へ行ってみると、「龍馬とおりょうさんが日本で最初の新婚旅行で訪れた場所」と書いてある。神社で手を合わせた時に、龍馬とおりょうさんもここで手を合わせたんだな、という想いが湧き上がる。同じ場所で手を合わせながら、龍馬が命を張って変えようとした国に、今日本はなっているだろうかと、「龍馬どう？ なっている？」と問いかけると、「違う。こんな世の中にするために命を張った覚えはない」、実際にその声が聞こえてくる感じです。

その時に感じたことは、その狂気の龍馬が、ここでおりょうさんといる時は、二人は互いに想い合って愛があったということです。歴史的には龍馬の狂気のほうが美化されていて、おりょうさんとここで紡いだ愛の時間は短いものだったかも知れませんが、時間の問題ではないのです。時代の英雄たちはそこをうまくバランスをとっている。人がやらないようなことを進めていく時に、狂気というエネルギーが要るけれど、それだけだと早く枯渇して肉体は終わってしまう。それを長く使っていくためには、愛とのバランスが必要なのだということです。

僕は人よりもエネルギーをたくさん要るところでお役目をいただいていますが、そこには狂気だけでなく愛もある。皆さんにいただく愛もあるし、家族の愛もある。僕は息子と二人家族だから、普通一般の家庭という単位の愛には恵まれていませんが、オペラ座の支配人や、ディズニーやカメハメハ……世界中に家族がいっぱいいる。

最近気づいたのは、最小単位を愛で包めなかったら、世界を愛で包めないということです。まずは、周りの人が笑っていること、何よりも自分が笑っていること、自分が心も身体も暮らしも豊かで充足していること、それができて初めて、少しの狂気とたくさんの愛で、世界に発信していくことができるのだと思っています。

愛に満たされることを恐れない

この世界のデザインは一体誰がしたのでしょう？　僕たち74億人がすべて顔が違っていて個性がある。それに昆虫も微生物も地球上の生きものを含むすべてのデザインは、どんな天才をもってしても出来ないです。そういうものが宇宙の摂理だとした時に、この宇宙は愛にあふれているということが分かる。宇宙は愛でパンパンなわけです。人間はそれに心を閉ざして気づかないふりをしているのだと思います。

そこに気づいてちょっと扉を開けるだけで、愛がものすごい勢いでなだれ込んできます。それを利権などの欲の心が恐れている。扉を閉じたままにしておきたいから、いろいろなことを不都合だとして真実を遠ざけているのです。本来は、すべての生きものの共存共栄、すべての人が幸せを実感できる社会のデザインは、実現できるのです。

夢を持ち、実現に向かうということ

夢、ドリームというのは人の原動力です。みんな同じ夢は描かないですから、それぞれが違う。たとえば洗濯機は、お母さんが冬に真っ赤な手をして洗濯板で洗濯しているのを見て、その苦労を何とか軽減してあげたいと思った人がいたから発明されたと思うのです。そういう愛の想いとか、なぜこうならないのかなという多様な違和感、その想いが、その人の、「こうなったらいいな」という発想となり、夢になる。

僕も同じです。ミツバチが保護されて食糧危機が回避されて、みんなが幸せになれたらいいなと思う気持ち。なぜミツバチ死んでしまっているのにみんなは黙っているんだろうという違和感。誰もやらないなら、僕がやるしかないと始めたわけです。つまり僕の中の違和感が皆さんの食べものを守るという夢になったわけです。そしてそれが行動になっている。思考と言葉と行動は夢に向かっているわけです。

想いと言葉と行動。夢を叶えるにはこの3つが揃わないといけない。この3つがバラバラで、想いと行動が伴わず夢ばかり語っていたら、夢は実現に近づかないです。夢の叶え方は、たぶん想い続けること、言い続けること、行動し続けること。自分の持った違和感やワクワクを大切にして、それを観察してイメージすること。常に想い続けて、自分と相談しながら言葉にしていくこと。言葉にしたことを行動に移すということ、これが夢の実現です。

夢を貫き、行動しよう

夢は大いに描くべきだし使い倒すべきです。

会社でも企業理念というのが額縁に入っていますが、実際には使われてないことが多い。しかし、あの中にはこの企業を通して社会で実現したい夢が入っている。想い描いて額縁の中に入れておくことが夢じゃない。それを額縁から出して使い倒すことが夢の実現なのです。想いと言葉と行動を一致させて、夢を使い倒すということです。夢が「たまには休ませてくれ」と言うくらいに。

夢というのは何を糧に育つかというと、愛です。今の子どもが夢を描けなくなっているのは、大人が下を向いているからです。今の大人の背中を見ているからです。前を行く人の背中が輝いていないと、希望も夢も持てません。

夢は叶わないとか、夢なんて持ってもしょうがないという雰囲気があるのは寂しいことです。でもそれを人のせいにするのではなく、今ここから、自分が自分と相談して「どうありたいか？」「どういう夢を描くか？」に向き合って、それを自分の背中で見せていくことが大切です。大人は、子どもたちのために役立ちたかったら、まず自分を愛で充足させ、背中で次世代に夢を見せるべきです。

・・・いつもココロに・・・

- 誰もが宇宙の愛の中にいることを知ろう。
- 夢を描いたら、飾っておかずに実現に向けて行動しよう。

(20) 家・庭・心のデザイン

家のあり方と、心の庭

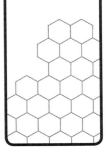

家族とは庭のある家に暮らすもの

僕が養蜂を始める時に、ミツバチについて何も知らなかったので、どなたかに教わりたいと思って出会ったのが加藤孝雄さんでした。加藤さんはその時すでに70歳を超えておられました。

ハチミツを採ることを生活の糧にしていくことを考えると、飼うのは西洋ミツバチになるのです。加藤さんは当時日本ミツバチを20家族（20群）持っておられたのですが、僕はその時は、西洋ミツバチをやるから、日本ミツバチの加藤さんは僕の師匠にはならないだろうと思っていました。でもお話だけでも伺おうとお会いしたら、「この人に教わろう」と逆に思ったわけです。日本ミツバチ、西洋ミツバチを越えて加藤さんに学びたいと思ったのです。

お話をしている時、強烈な名古屋弁で加藤さんに「どういう家に住んどりゃぁす？」とたずねられました。当時僕はマンションを購入した直後だったので「マンションです」と答えると、「あかんぎゃぁ」と。「マンション、アパートはキチガイ養成ボックスやで」と言われました。

「家庭という字を書いてみやぁ」と言われ、書くと、「家」と「庭」と書くことが分かる。「だろう、庭のない家は家じゃないがねぇ。いいか、廊下から扉を開けていきなり部屋っちゅうことあるか？ なんであんなコンクリートの箱を大変な思いをして買いやぁた。庭には門があって門は結界だ。みんなが帰って来た時に嫌なものはそこで落ちるだろ。庭には木と花があってそこにミツバチが来るがね。だから柿がなっとるぎゃぁ」と。

庭で木や花が成長していって変化していく、訪れる生きものも変化していく。庭が家族を育てるのだと。「一番身近な自然が庭にあるんや、まぁそういう暮らしはいいよ、前向いて頑張って暮らしていくんや」と言われました。まだ一軒家は買えないですが、こういうことが言える人になろうと思ったのです。

加藤さんは山を一つ買って、自分でヒノキを伐って総ヒノキの二階建ての家をつくってしまうような、生き方の達人みたいな人です。この人の話を聞くのが大好きで、本来の目的とは違ったけれども、日本ミツバチを習いました。生きものを育てる基本は同じですから、西洋ミツバチもスッと入っていけました。

家の設計はまず庭から

一軒家を建てる時には、まず間取りや収納を第一に考えると思いますが、利便性だけだと庭が猫の額になったりします。加藤さんの話を聞いて、僕は未来型の家づくりは庭の設計から始まったらいいなと思ったのです。

家をつくる人たちが造園ガーデナーと組んで、心の安らぎが育まれる庭の提案をする。まず庭を決めるのです。日本庭園もあるし、イングリッシュガーデンみたいなのもあると思います。それぞれの家族の個性が出て、多様性が生まれる。日本庭園を選んだら、家づくりは日本の木材を使った日本家屋のようなものが合うし、イングリッシュガーデンを選んだ人は白壁のヨーロッパ風なものが合います。庭が決まると家のあり方が決まるのです。その家族が本当に居心地の良い庭、そういう意味で家に自然がちゃんとあって、そして家のあり方があって、家の雰囲気が決まると中が決まってきます。

ミツバチがいなければ、その庭は0点

僕はマンションに住んでいますが、〝庭〟をあきらめているかというとそんなことはありません。ベランダに日本ミツバチが来てくれないかなと巣箱を置いています。庭造りの人に聞くと、どんなにお金をつぎ込んで立派な庭をつくっても、そこにミツバチという命がなければ0点だとおっしゃいます。つまりタネが続かない、実がならない。庭が自然として機能していない。そういう意味ではミツバチの働きをちゃんと理解することで庭をどうデザインしたら良いかが分かるのです。

庭にミツバチがいなければ0点だと聞いた時に、「あっ！」と気づいたことがあります。僕は小学校や幼稚園でミツバチ教室をする時は、ミツバチの巣箱の中の枠を一個抜いて透明な観察ケースに入れて持って行きます。それにお花とリンゴを一個持って行くのです。

幼稚園は特にそうなのですが、難しい話をしても分からないので、「ミツバチさんとリンゴがお友達だということが分かるかな？」と問いかけると、みんな首をかしげます。お花を出して「ミツバチさんが、このお花の結婚式のお手伝いをして、生まれた赤ちゃんがリンゴなんだよ」と、ただこれだけでいいんです。「みんなが食べているものはミツバチさんがお花の結婚式をお手伝いしてくれて、できているものだよ」「トマトもイチゴもそうだね、ナスもキュウリもそうだね」と言うと、子どもはこれだけで分かるのです。

ミツバチの観察ケースを出して、ぶーんという羽音を聞きながら巣を見てもらうのですが、そうすると、ある瞬間子どもたちが「うん」とうなずくのです。その瞬間に、まるで何かつきものが取れたように、きれいな顔になる。最初の頃はびっくりして「えっ、どうしたの？」と聞いていたのですが、子どもたちは「ミツバチさんがお話ししてくれた」

「メッセージをくれた」と言うのです。

ところが10人に2人くらいは、うなずかない子がいる。時間をかけてもうなずかない。先生に聞いてみると、ゲームなど、家の中での遊びが多い子だということでした。

これは一体どうしたことかなと考えていた時に、ガーデナーさんの「いくら素敵なお庭でも、ミツバチがいなければ0点だ」と言われていたことがピンときたのです。つまり、人の心は生態系だということです。

心の中のガーデンを育てる

心に生態系がある子たちは、心のお庭に咲いているお花にミツバチが受粉していくんです。そうやってなった実が、愛や友情、やさしさとか未来、希望なんですね。心に生態系を育んでいる状態とは、自然との接点をしっかり持っているということなんです。ですから家の中でゲームに集中して埋没している子は、心の中にガーデンがないのです。

良い心の状態はふわふわな柔らかな良い匂いのする土があって、そこにタネがたくさん落ちていって、発芽して花が咲くと、そこにミツバチが受粉をして実るのが「愛」「勇気」「友情」「思いやり」「夢」「希望」……なのです。そういう状態が心にできていると、少々の悩みがあっても雨が流してくれる。人生における大きな悩みは時々台風が来て持って行ってくれる。それがいろいろなつらい出来事を乗り越えていく力になる。よく「日にち薬」と言います。時がつらさや悲しみを洗い流してくれるのです。それには心の中の生態系ができていることが前提です。それがないといつまでもそこに残ってしまうのです。

自然治癒と言いますが、肉体的疲労や滞りみたいなものは、森などの自然の中に身を置けば癒されるのですが、心の癒しは、まず心のガーデンを育てておかないと成されない。その心のガーデンを育てるには、自然と触れていることが重要なのです。僕はミツバチを通してそういうことを痛烈に理解することができました。

秋田県は学力が日本で一番高いそうですが、勉強の時間が一番短いのだそうです。空いている時間に何をしているかというと、野山で遊んでいる。自然とたっぷり遊んでもらうと、短い時間で学力が上がるということです。

大脳に記憶だけ蓄積してそれをペーパーに書けば良いというのが今の教育になっていますが、やはり、よく耕された心に木々や草花がしっかり根を張ったガーデンをつくることが大事なのです。それを今おろそかにしているから、病気になったり、プレッシャーに弱かったりするわけです。自然の中にいる時間をしっかりつくっていくということが、とても大事です。そういう生活のデザインがこれからは大切になると思います。

自然のままの美しさを楽しむ

実は現在のガーデニングは、虫による損害がよろしくないという感覚から「生きものを排除する」ことが普通のことになってしまっています。食べるものではないからと農薬を使うのです。「ミツバチがいなければ……」ということに気づいているガーデナーさんは、それではよくないと、農薬を使うことを懸念してオーガニックガーデンをつくります。生きものなくして花が咲いていてもそれは、本来のものではない。

大きなバラ祭りなどのガーデニングショーがありますが、本来バラはバラバラに咲くものです。多品種のバラを同時に咲かせるのは、実は薬で咲くタイミングを合わせているのです。地域の生きものが死んでしまうような農薬・薬は残留性蒸散性と言って、長期間大気中にも出ていきます。雨が降って一回地面に流れて晴れれば蒸散される。それを見に来た人が吸ったりしている。観光資源として素晴らしいものかも知れませんが、生きものが全くいないバラ園とかガーデンは、ある意味不気味ではないでしょうか。そこから本当に癒しを得られるか疑問です。

視覚的に大脳に飛び込んでくる情報としてはきれいなのですが、その場に佇《たたず》んだ時に、木や草から本当に幸せのエネルギーがもらえるのか。花々がバラバラの時期に咲くのを楽しんでください、となれば、本当に好きな人はリピートしてくれるのではないかと思います。命が満ちあふれているガーデンのほうが、ずっと長くいたいと感じられて、安らぎを得られるのではないでしょうか。そういうことを見分けられる五感六感を持ちたいと思っています。

・・・いつもココロに・・・

- 虫などの生きものにあふれた庭をつくろう。
- マンションでもベランダを緑で豊かに。
- 子どものゲームはほどほどに。自然にたっぷり遊んでもらおう。
- その花々の美しさはどうやってつくられているか？　見分ける感性を持とう。

(21) 家族のデザイン
バロメーターはみんなが「笑っているかどうか」

貧しくても笑いの絶えない幸せな家庭

今、理想の家族像をテレビドラマなどで見せられて、ああじゃないと不幸せだとか、ああじゃないといけないという、〝世間体〟で生きている家族が多いのではないでしょうか。教育のデザインでも述べましたが、良い高校、良い大学でないと駄目、というお受験と同じです。家族構成も性格も暮らしている町もみんな違うのに、一個の理想の家族を見せられて、「ああああるべきだ」と消費を煽《あお》られ、労働が煽られる。

僕は、環境シンクタンク時代にインドのゴカックという村に寺子屋をつくる企画で現地に行きました。そこでは子どもたちがパンツ一丁で裸足でいるのですが、皆めちゃくちゃ楽しそうで、目がきれいで笑顔が絶えない。

先進国から巨大な額の支援が入ってきて、ここにハンバーガーチェーンがあるべきだとか、コーヒーショップがあるべきだと言うのですが、社会的な援助でそういうものをつくるのはどうなんだろうと思いました。確かに、目の前の井戸の水でおなかを壊して死んでいく子どもがいる。ですから衛生についてちゃんと教え、設備をちゃんとしてあげることは大事だと思います。

貧しくても、この村の人々は幸せなんだなと思った場面があります。

藁ぶきの狭い家の中に、おじいちゃん、おばあちゃん、パパ、ママ、僕、私がいて暮らしている。牛のミルクがとれると少し豊かなのです。それが売れれば、ろうそくが買える。日が暮れると、藁ぶきの隙間からろうそくの火が揺れるのです。

家族のあり方は一つではない

僕がびっくりしたのは、狭い家の中、そのろうそくを囲む3世代の家族の笑いが絶えないということでした。それを見ていて、この人たち不幸か?という話なんです。ハンバーガーチェーンがない、コーヒーショップがないからと言って、そこにそういうものをつくるのが幸せの支援だと思っているのは、先進国の人たちが持ってしまった感覚です。

今ここで笑っている人たちは、幸せの基盤である〝家族〟がしっかりできている。だから僕は逆に、日本のきれいな家の、自分の部屋の中でゲームをしながら、希望を持てていない子たちを救うべきだと思いました。日本の人は今、多くの海外支援をしますが、もっと自分の足元を見るべきだと思うのです。

家族のデザインがうまくいっているかどうかの目安は、笑顔、笑いだと思います。今あなたの家の中で、誰かが笑っていなければ、それはデザインがうまくできていないということです。その原因は、お受験なのか、夫婦の不具合なのか……。家族像は一つではないということに気づいてほしいと思っています。

僕たちの時代は「勉強しないと、ああなってしまう」という言い方をされました。そうじゃない。本当のバロメーターは、笑顔の数なのです。日本は豊かさの履き違えをしています。世間体のルールに従っているとつらいけれども、それぞれの家族のルールがあればいい。ある一つの基準があって「こうしないと不幸」という図を見せられて、そこに自ら無理してはまろうとすることは不幸なことです。

夫婦二人の時は二人の個性で最高のデザインをすればいい。子どもが生まれたらまた変えればいいし、おじいちゃん、おばあちゃんが年老いたら、そういう人たちに合わせたデザインになるでしょう。家族デザインは一律ではなく、多様なのだということ。それは決して他の家族と比較してはいけないことなのです。

「みんなで笑っている?」そういう簡単なことなのです。

・・・いつもココロに・・・

- つくられた「理想の家族像」にまどわされないようにしよう。
- 家族のあり方はそれぞれ。比較はしないようにしよう。
- 家族全員が笑っているようにしよう。

22 アートのデザイン

与えてもらうだけでなく育てていく

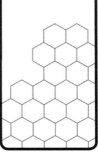

アートを愛で育てる

ものごとを伝達する時に、アートは本当に分かりやすくてストレートで影響力が強いものです。たとえばアーティストの歌の中に自然の大切さが織り込まれたりとか、その人の心の豊かさが織り込まれたりとか、あとは絵とか彫刻というものでコミュニケーションしたり、とても自由であるから、みんなが憧れます。そして影響力がものすごくあります。

アートを育てるのは、アーティストの力だけでなくて、やはり僕たち一人ひとりの目と想いなんです。

たとえば才能あふれる新人陶芸家のお皿を、ルーブル美術館で部屋を貸しきりにしてガラスのケースに入れてライティングして、「5億円」と値札をつけて四隅に警備員を配置しておいたら、「すごいなぁ」という目で見るのです。その美術館の雰囲気から「あ、すごいな」と思った皆さんの想いが、その作品を育てる。これは極端な例ですが、本当に素敵なアートを社会全体で共有して幸せになろうと思ったら、皆さんが見てあげること、聴いてあげることとです。「素敵だ」と愛を注ぐことで、見ている人の想いがアートを育て、アーティストの日常も育つのです。

アーティストはみんなが育てたらいいと思うのです。皆さんが素敵だと思った人やアートを、一生懸命愛を持って見つめてあげて、感謝をしたりして人に伝えていくこと。水の結晶は愛にあふれた美しい音楽を聴かせるときれいになりますが、攻撃的なものを聴かせると、ぐちゃぐちゃになると言います。

人間の身体も結局水の塊ですから、結晶がきれいになるようなものを見たり聴いたりすべきです。感動は細胞レベルで影響するからです。それならやはりやさしい丁寧なものを手元に置くのがいいです。たぶん、免疫も上がるし、そうじゃないものは免疫も崩れると感じます。アーティストも、その影響力の大きさを分かっていて欲しいと思います。

もっとアートに触れ合う機会を

日本はアーティストを育てる力が弱いと思います。海外ではそういう人たちをものすごく丁寧に扱うし、経済的にも支えます。僕がよく行くパリでは、地下鉄の中でほっとするような音楽をやっていて、すごくうまいです。そこで演奏できるのはオーディションで選ばれた人だけですから、クオリティがとても高い。街角でも音楽をやっている人たちがいて、質の高い生の音楽に触れる機会がとても多いのです。

日本でも、たとえばショッピング街とか、学校のエリアとか、別に小学校の校庭でプロのミュージシャンが演奏していて良いと感じます。お昼休みに子どもたちがそういうプロの生演奏を楽しむという、そういう豊かさ、アーティストの発表する機会と聴き手が触れるチャンスが日本は少ないと思います。

日本の仕組みだと、たとえば演劇でも、どんなに素晴らしいアーティストでもなかなか食べていけない。売れる音楽、売れるアートだけがもてはやされる。それは結局アートの使い捨てです。アートの大量生産、大量消費、大量廃棄です。

売れればいいという思考が働いている以上、何事も雑になる。見た目がきれいにパッケージされていても、お金儲けの想いでつくっているから、お客さんが買う時には、知らず知らずその想いも受け取っている。だから飽きて捨ててしまう。アートは使い捨てるものではなく、アートは本来１００年経っても素敵なものなのです。

何事もそうなのですが、何かを「してくれ」ということからは、何ひとつ良いことが生まれません。社会では、互いに与え合う、支え合うことが必要です。「何でやってくれないんだ」「ギブミー、ギブミー」だけで、何かを返さなければ幸せが循環しないのです。結局アーティストも奪われるばかりで、疲れきってしまいます。素敵なアートを育てるのは一人ひとりの想いとまなざしです。使い捨てアートはやめて、本当に心に響くものを丁寧に育てていきましょう。

・・・**いつもココロに**・・・

- 素敵だと思ったアーティストを育てていこう。
- アートの使い捨てはやめよう。
- 「くれくれ」だけでなく、与えることもしていこう。

23 生・死のデザイン

今を輝かせて生きれば、恐怖なく死んでいける

すべての「今」が輝いているか

すべての人に公平に与えられていることとは、「生まれる」ということと、「死ぬ」ということ、それに一日の時間です。この3つは全く平等に与えられています。どう考えても「生まれる」ということに神秘を感じざるを得ません。それは人間だけでなく、すべての生きものの誕生ということ。物も含めていろいろなものが生まれることで命が支えられている。物も、つくっていただくことで僕らの生活があります。誕生というものの素晴らしさを感じ、感謝するということがすごく大事です。

「生まれて来てくれてありがとう」と言われると、すごく嬉しいです。逆に「生まれて来なきゃよかった」に至ってしまうことは、とても悲しいことです。生まれたことが本当に美しくてありがたいということをしっかり自分の中で認められるかどうかは、結局「今がどうあるか」にかかっていると思うのです。多くの人は「過去は変えられない」とおっしゃいますが、僕は過去は変えられると言っています。

たとえば若い時にやんちゃをして社会に迷惑をかけた方が、立派な経営者になって、自然保護、福祉活動をしたとする。それは過去のやんちゃがあったからこそ今がある、となる。しかしやんちゃをしていた人が、今もやんちゃをしていて、今も人に迷惑をかけていたとしたら、「やっぱりね」となる。つまり「今のあり方」で過去はいくらでも変化するわけです。生まれて来てよかった、命の誕生が本当に輝くかどうかは、「今」が輝いているかどうかなのです。

今が幸せで社会に少し貢献ができていれば、誕生はすごく輝くのです。それは「もの」も同じです。誕生したけれど、使い捨てられた時、ゴミという悩みになった時に、この誕生した「もの」は悲しいです。でもこれが長く使われて、孫の代まで大事にしてもらえるようなデザインだったりサービスだったりしたら、これはつくり手の、ものに込めた瞬間が本当に輝くわけです。

今が満ち足りていたら死は怖くない

誕生を大事にするということは、今のありようを大事にするということです。これはネイティブアメリカンが7世代先のためを思って今をすごく大事にすることと同じです。今のありようが美しくて満足でハッピーだった時、生ききっている時に、心は充足しています。完全に命を昇華していると、死を見つめた時に怖くない。要するに、こんな状態でとか、「満たされない感」で今を生きながら死を見つめると、死んでしまったらどうなるんだろうとか、死んだあと怖いかも知れないとか、死は苦しみではないかという不安に襲われるわけです。

お話会で質問してくれた方に、「70歳だけど、死ぬのが怖い」と言ってびくびくして生きている人がいました。それはたぶん、自分の命が誕生から今まで、今を生ききれていないことからくる怖さのためだと思うのです。肉体は消えても命は永遠だという話もあるし、そういうように感じていけるためには、今の充足がどうしても必要です。僕らは「今」にしか生きていないのですから、せっかくの「今」を楽しむべきなのです。死ぬことに恐怖を抱いているというのは、もったいない話だと思います。

人間以外の生きものは、生ききっている

ミツバチは一匹の女王バチと少しの雄バチと女の子たちの働きバチを合わせた2万匹が一家族です。働きバチである女の子はだいたい1ヵ月くらいの命です。生まれてから死ぬまでのお仕事の内容がきっちり決まっていて、それを果たしていきます。

生まれてすぐは、巣の中のお掃除とか子育てを担っていて、お姉さんバチが持ってくる蜜や花粉の貯蔵をして、最後の1週間は蜜や花粉を採ってきます。本当に「働きバチ」と言うくらい働くのですが、最後は羽根が動かなくなってぽとりと大地に落ちて天に召されるわけです。

その時にミツバチには恐怖はないと思います。生ききったわけですから。人間以外の野生の命は生ききっているのです。殺虫剤や農薬で殺されない限り――。果物や野菜も人間の身体に入ることによって生ききっている。人間だけが大脳で思考するために、生ききれていないところがある。

先の心配なんてあまりしなくていいのではないでしょうか。過去を悔いているのも人間だけです。あの時ああすれば良かった、こうすれば良かった、過去を悔いることがたくさんあると思うのですが、これは全く必要ないです。過去を美しく花として咲かせるため、そして同時に未来に不安を持たないためには、今がどうしたら幸せになるかが大事なのです。とてもシンプルなことだと思います。

・・・いつもココロに・・・

● 生まれる神秘を感じて、今を輝かせて生きよう。

● 死ぬことをただ恐れるのはやめよう。

● 自然の生きもののように、生ききることを心がけよう。

おわりに

自分が幸せになる、家族が幸せになるということは誰かにしてもらうことではなく、自分自身で実現させることです。そしてそれは簡単にできることなのです。自分が幸せになるということを否定せずに、自分自身の幸せを追求することによって、地域や社会や世界が幸せになっていく。社会をデザインするデザイナーは自分自身なんだ、幸せ世界のデザイナーはこの本を読んでくれたあなた自身であり、あなたの隣人、家族も、一人ひとりがデザイナーなんだということに、この本で少しでも気づいてもらえたら嬉しいです。

生きものもまた自然の中で世界をデザインしていると捉えるならば、無限の愛の中で僕たちを支えてくれているデザイナーです。地球上にあふれる命をデザインした大いなるデザイナーもいるわけです。それに感謝をして畏敬の念を持って自らの生き方をデザインすることで、あなた自身も家族も街も国も世界も、幸せになる。幸せな世界、社会をつくることは、実は簡単なことなのです。

以前、ある環境イベントでご一緒した永六輔さんに言われたことが強烈に印象に残っています。

「船橋君、ひとつ教えておく」

「難しいことを難しく伝えるのは三流。難しいことをやさしく伝えてやっと二流。難しいことをやさしく楽しく伝えられて一流だよ」と。

皆さんにお話しする時にいつも僕はその言葉を思い出します。

今、僕は永さんの言葉にもう一つ足しています。

「難しいことをやさしく楽しく伝え、さらに人々を癒《いや》せたならば、これ超一流」

いろいろな人から「ハニーさんの環境のお話は楽しくて分かりやすいし、自分では変えられないと思っていることも簡単にできると感じて元気になる」と言ってもらえます。この言葉をこれからも大事に、皆さんに伝えていこうと思っています。

僕が伝えたいことは、本当にシンプルなことなのです。

人生のいろいろな節目節目で出会う人たちに触発されて想いが紡がれていく。お互いの想いと言葉と行動が一致することできっかけができ、何かが実現する。それによってまた新たな出会いがあって……と、その繰り返しで人生は紡がれて、安心して次の世代に想いを手渡して、自分自身も満足して旅立っていける。そういう大きな営みの中に自分がいて、そこは愛でいっぱいなんだということ。

すべての命との出会いと、風景や風や太陽の、そのあふれる愛を全身で受けとめていったなら、幸せに生きることはいともたやすいということ。ミツバチが教えてくれたことは、自然はすべて絶対調和しているということ。絶対調和とは、我《が》がなく幸せに満ちあふれているということ。人間も自然の一部ならば、それができないわけがないのです。

僕は、この本を綴ってそのことを改めて感じたし、この本こそ、私を応援してくださるすべての方々、そしてすべての命の絶対調和が成し得た業だと感じています。心から感謝いたします。

僕はこれからも皆さんと一緒に、幸せな生き方デザインを提案し続けていきたいと思います。

2018年6月

船橋康貴

船橋康貴　ふなはし やすき
養蜂家　環境活動家
一般社団法人ハニーファーム代表理事

1960年名古屋市生まれ。中京大学文学部心理学科卒。

経済産業省産業構造審議会専門委員、名古屋工業大学非常勤講師、日本福祉大学講師、省エネルギー普及指導員、愛知県地球温暖化防止活動推進員を歴任。

2012年 一般社団法人ハニーファームを設立。以降、世界中で激減しているミツバチを守るために、環境のプロとして、ミツバチを使った「ハチ育」や町おこしなどを行なっている。

2018年7月、主演のドキュメンタリー映画『みつばちと地球とわたし』公開（ハートオブミラクル配給）

ハニーファーム ホームページ　http://honeyfarm.jp
ハニーファーム オンラインショップ　http://honeyfarm.jp/shop
船橋康貴のブログ　https://ameblo.jp/yasuki3838

ハニーさんの ミツバチ目線の生き方提案

2018年7月21日　初版第1刷発行
2019年8月 8 日　　　第2刷発行

著　者　船橋康貴

定　価　本体価格1,400円
発行者　渕上郁子
発行所　株式会社 どう出版
〒252-0313 神奈川県相模原市南区松が枝町14-17-103
電話　042-748-2423（営業）　042-748-1240（編集）
http://www.dou-shuppan.com
印刷所　株式会社シナノパブリッシングプレス

　ISBN978-4-904464-91-5
